Immanuel Kant

rowohlts monographien
begründet von Kurt Kusenberg
herausgegeben von Wolfgang Müller
und Uwe Naumann

Immanuel Kant

Dargestellt von Uwe Schultz

Rowohlt Taschenbuch Verlag

Umschlagvorderseite: Immanuel Kant. Gemälde von
Gottlieb Doeppler [Doebler], 1791 (Ausschnitt)
Umschlagrückseite: Königsberg, von den Friedländer
Mühlen aus gesehen. Kolorierter Kupferstich nach
Friedrich Bernhard Werner, um 1750
«Critik der reinen Vernunft». Titelblatt der Erstausgabe,
1781

Seite 3: Immanuel Kant. Gemälde von Johann Gottlieb Becker,
2. Fassung, 1768
Seite 7: Immanuel Kant. Relief von Paul Heinrich Collin,
1782

Überarbeitete und erweiterte Neuausgabe
Dezember 2003

2. Auflage Januar 2004

Originalausgabe
Veröffentlicht im Rowohlt Taschenbuch Verlag,
Reinbek bei Hamburg, Januar 1965
Copyright © 1965, 2003 by Rowohlt Verlag GmbH,
Reinbek bei Hamburg
Erarbeitung der Bibliographie Rolf Frison
Umschlaggestaltung any.way, Hamburg
Redaktionsassistenz Katrin Finkemeier
Reihentypographie Daniel Sauthoff
Layout Gabriele Boekholt
Satz PE Proforma *und* Foundry Sans *PostScript,*
QuarkXPress 4.11
Gesamtherstellung Clausen & Bosse, Leck
Printed in Germany
ISBN *3 499 50659 9*

INHALT

Kants Leben und Wirken	**7**
Jugend und Elternhaus	7
Collegium Fridericianum	10
Universität	13
Hauslehrer	17
Privatdozent	19
Professor	23
Emeritus	35
Seine Gestalt	45
Sein Charakter	47
Kants Werk	**70**
Die vorkritischen Schriften	70
Die kritischen Schriften	89
Die Religion innerhalb der Grenzen der bloßen Vernunft	153
Anmerkungen	**168**
Zeittafel	**173**
Zeugnisse	**175**
Bibliographie	**178**
Namenregister	**184**
Über den Autor	**187**
Quellennachweis der Abbildungen	**188**

Was für eine Philosophie man wähle, hängt
davon ab, was für ein Mensch man ist:
denn ein philosophisches System ist nicht
ein toter Hausrat, den man ablegen und annehmen könnte, wie es uns beliebte, sondern
es ist beseelt durch die Seele des Menschen,
der es hat.

Johann Gottlieb Fichte

Kants Leben und Wirken

Jugend und Elternhaus

In Königsberg, der Hauptstadt des Herzogtums Preußen, wurde Immanuel Kant am 22. April 1724 geboren. Die Stadt erlebte zu Beginn des 18. Jahrhunderts einen raschen wirtschaftlichen Aufschwung, zumal die Stände meist ihre Unabhängigkeit zu wahren wussten. Diese Opposition aus ständischer Freiheit und Verfassung stützte sich auf einen standhaften Bürgersinn der Handelsherren und Handwerker, zu denen auch der Vater Kants zählte, der in der Sattlergasse, nahe der «Grünen Brücke», wohnte. Die Städte Altstadt, Kneiphof und Löbenicht zusammenfassend, verdankte Königsberg seinen jungen Reichtum dem Handel, der sich hier einen seiner wichtigsten Umschlagplätze eröffnet hatte. Englische und holländische Handelsschiffe liefen Königsberg an, um in der Pregelmündung, ganz in der Nähe von Kants väterlichem Hause, englische Fabrikate, Wein und Kolonialwaren einzutauschen gegen Naturprodukte, die auf flachen Flussfahrzeugen (Wittinnen) aus dem benachbarten Polen unter Leitung jüdischer Händler in die Stadt gebracht wurden. Auf dem Weg zur Schule wie in das Zentrum der Stadt erlebte der junge Kant, besonders im Frühling, dieses Gewirr der Geschäfte und den Reiz unmittelbarer Berührung mit fremden, fernen Völkern und ihren Produkten.

Er war das vierte von elf Kindern, von denen nur drei Mädchen sowie ein Bruder und er ein höheres Alter erreichten. Mit seinem Bruder, der später als Pfarrer in Kurland lebte, sowie mit seinen Schwestern, die Handwerker in Königsberg heirateten, pflegte er nur wenig menschliche und noch weniger geistige Beziehungen (erst 1790 begann zwischen den Brüdern ein intensiverer Briefwechsel). Dieser Bruder, Johann Heinrich Kant, das jüngste Kind (1735 geboren), starb vier Jahre vor ihm; die jüngste seiner Schwestern pflegte den Philosophen zu Tode und überlebte ihn als einziges aller Kinder, die aus der Ehe des Riemermeisters Johann Georg Kant und seiner Frau Anna Regina, geb. Reuten hervorgegangen waren.

Kants Vater, der zu Beginn des 18. Jahrhunderts in Memel gelebt hatte, war ein Handwerker, der seine Familie und sich angemessen ernährte. Bisweilen ist gegen ihn der Vorwurf erhoben worden, er habe es nicht verstanden, in ausreichender Weise für den Unterhalt der Familie zu sorgen. Belegt ist aber nur, dass er es nie verstanden hat, seine Familie über das finanzielle Niveau seines Standes zu erheben. Sein schlichter Bürgersinn hat ihn vor allen schlechten Geschäften bewahrt, aber auch von allen finanziellen oder geistigen Erfolgen ausgeschlossen, die nicht in den unmittelbaren Grenzen seiner handwerklichen Zunft lagen. Seine Vorfahren, so hat der Philosoph später im Zusammenhang mit Hume gern betont, stammten aus Schottland, doch ist diese Auffassung heute als irrig nachgewiesen. Der Vater schrieb den Beginn seines Namens noch mit ‹C›, während sein Sohn sich schon früh für ‹K› entschied, um die Aussprache Zant zu vermeiden.

Seine Mutter hat sich langsam und mühevoll eine literarische Bildung angeeignet, die vor allem im zeitgenössischen Pietismus wurzelte. Und sie ist es gewesen, die sich wohl nicht nur mit Eitelkeit, sondern auch mit Scharfblick der Erziehung ihres Sohnes Immanuel zuwandte. Ihre Frömmigkeit, die des gemäßigten Pie-

> **Königsberg**
> Eine große Stadt, der Mittelpunkt eines Reichs, in welchem die Landescollegia der Regierung desselben sich befinden, die eine Universität (zur Kultur der Wissenschaften) und dabei noch die Lage zum Seehandel hat, welche durch Flüsse aus dem Innern des Landes sowohl, als auch mit angrenzenden entlegenen Ländern von verschiedenen Sprachen und Sitten, einen Verkehr begünstigt, – eine solche Stadt, wie etwa Königsberg am Pregelflusse, kann schon für einen schicklichen Platz zur Erweiterung sowohl der Menschenkenntnis als auch der Weltkenntnis genommen werden, wo diese, auch ohne zu reisen, erworben werden kann.
> Immanuel Kant: Anthropologie in pragmatischer Absicht, Königsberg 1798

Die Grüne Brücke mit der Neuen Börse und Speichern in Königsberg. Anonymes Aquarell, um 1810

tismus, führte sie in den Zuhörer- und Anhängerkreis von Franz Albert Schultz (1692–1763), des Mannes, der für Kants früheste Entwicklung von allergrößter, kaum zu überschätzender Bedeutung ist. Sie hat es verstanden, diese im damaligen Königsberg hoch geachtete Persönlichkeit – zunächst war er Konsistorialrat und Prediger, bald aber wurde er Professor für Theologie an der Universität und Leiter des Collegium Fridericianum – für die Erziehung des jungen Kant zu interessieren. Ihrer, mehr noch als seines Vaters, hat Kant später in persönlich-herzlicher Weise gedacht: *Nie werde ich meiner Mutter vergessen, denn sie pflanzte und nährte zuerst den Keim des Guten in mir, sie öffnete mein Herz den Eindrücken der Natur, sie weckte und erweiterte meine Begriffe, und ihre Lehren haben einen immerwährenden heilsamen Einfluß auf mein Leben gehabt.*[1] Und ihr wie ihrer Verbindung zum Pfarrer Schultz, der sich nach gründlicher Prüfung des jungen Immanuel annahm, ist es zu danken, dass Kant 1732 von der Vorstädter Hospitalschule auf das Collegium Fridericianum überwechselte.

Collegium Fridericianum

Neun Jahre, von 1732 bis 1740, besuchte er das von Schultz gelei-
tete Collegium Fridericianum; bereits 1733 war er Primus der
Quinta und gab diesen Platz durch alle Schuljahre nicht mehr ab.
Das Institut galt zu jener Zeit als fortschrittlich und «modern».
1698 gegründet aus privater Initiative von einem juristischen Ver-
waltungsbeamten namens Theodor Gehr, der in Verbindung mit
den Pietisten Philipp Jakob Spener und August Hermann Francke
stand, war es zunächst eine stark angefeindete «Winkelschule»
auf dem Sackheim, einer Königsberger Vorstadt. Bald aber, bereits
1699, durch seinen ersten Lehrer Georg Christian Adler, der in Halle die Francke'schen Erziehungsmethoden kennen gelernt hatte,
und durch seinen ersten Direktor D. Heinrich Lysius, der, von Berlin unterstützt, für das Schulwesen Ostpreußens verantwortlich
war und über den Rahmen der Königsberger Schule weit hinaus-
wirkte, wurde die Anstalt angesehen, besucht und gesucht. 1703
zog sie um in den «Landhofmeistersaal» auf der Burgfreiheit, der
zu diesem Zweck umgebaut und mit einer Kapelle versehen wurde. Das in einer Streitschrift definierte Ziel der Schule, die Kinder
«fromm, gelehrt und höflich» zu machen, wurde von allen seinen
Lehrern erfolgreich angestrebt, vor allem aber unter Schultz, zu
dessen Zeit die Schule ihr größtes Ansehen errang.

Schultz, der aus dem Zentrum des damaligen Pietismus, nämlich aus Halle, hervorgegangen war, zugleich aber mit der dogmatischen Philosophie Christian Wolffs und mit dem Philosophen
selbst näheren Umgang gehabt hatte, bemühte sich in Königsberg
am Collegium Fridericianum um eine harmonische Verbindung
von Pietismus und dogmatischer Philosophie. Obgleich Wolff
über ihn gesagt haben soll: «Hat mich je einer verstanden, so ist es
Schultz»[2], war die Schule doch vor allem ein Muster der Francke'-
schen Stiftungen. Als Pädagoge hat Schultz zahlreiche umfassende Reformen eingeführt, etwa 1734 entscheidend bei dem königlichen Erlass mitgewirkt, der zur Einführung der allgemeinen
Schulpflicht in den Ostprovinzen führte, und dennoch als Seelsor-
ger nicht versäumt, sich seiner Gemeinde und deren geistlicher
und geistiger Entwicklung zu widmen. Aber auch konkret-mate-
riell hat er den jungen Kant unterstützt, taktvoll, soweit es der
Stolz des Vaters erlaubte.

Das Collegium Fridericianum im 18. Jahrhundert

Über die acht Jahre, die Kant auf dem Collegium Fridericianum verlebte, gibt es wenig historische Kunde, besonders wenn man sie daraufhin untersucht, ob sich schon bei dem jungen Kant eine Neigung zu philosophischem Denken nachweisen lässt. Diese Begabung, die noch völlig im Verborgenen lag, hat hier keinerlei Förderung erfahren. Vielmehr lernte er in dem Institut lediglich, was zur Allgemeinbildung der Zeit und zur Vorbereitung für die Universität nötig war. Dazu gehörte vor allem eine gründliche Kenntnis der Alten Sprachen, besonders der lateinischen. So ist es nicht verwunderlich, dass unter seinen Lehrern der klassische Philologe Heydenreich einen besonderen Einfluss auf ihn ausgeübt hat. Dieser Einfluss ging nicht nur von dem Sachwissen aus, sondern auch und vor allem von der Persönlichkeit des Lehrers, dessen geistvolle und geistig selbständige Interpretation der antiken Texte seine Schüler begeisterte.

Der Einfluss der antiken Autoren, besonders von Lukrez – «De rerum natura» –, auf den jungen Kant war so groß, dass er zusammen mit zwei anderen Schülern beschloss, Altphilologe zu werden. Der erste und letzte Schritt auf diesem Weg war die Latinisierung seines Namens: Kantius. Von diesen beiden Mitschülern hat einer das in der Jugend geplante Ziel erreicht, nämlich David Ruhnken, der später als Professor «Ruhnkenius» der klassischen Philologie an der Universität Leyden sich durch seine moderne Interpretation einen glänzenden Namen erwarb. Der andere, Johannes Cunde («Cundeus»), ist trotz hervorragender Talente als Rektor einer unbedeutenden Schule in Rastenburg durch mühevolle Verwaltungsarbeit aufgerieben worden und frühzeitig gestorben. Seinen Tod wie sein Schicksal hat Kant stets bedauert.

Kant verdankt dieser Schule vor allem seinen lateinischen Stil, wie in den Schriften seiner ersten Periode sichtbar ist. Seine Begeisterung für antike Autoren äußerte sich später darin, dass er noch im hohen Alter in der Lage war, lange Perioden ihrer Werke aus dem Gedächtnis vorzutragen. Mit der Fähigkeit, fehlerlos und sogar gewandt seine Gedanken lateinisch auszudrücken, hat Kant alles – aber auch nicht mehr – von diesem Bildungsinstitut erhalten, was für seine spätere akademische Laufbahn wichtig war.

Aus der Distanz vorgerückten Alters hat er sich über die pädagogischen Methoden des Collegiums besonders negativ geäußert und vor allem auf den religiösen Zwang hingewiesen, den seine Erzieher ausübten. Jeder Unterrichtstag an dieser pietistischen Pflanzstätte begann mit einer recht ausgedehnten gemeinsamen Andacht, jede Lehrstunde wurde mit einem Gebet eingeleitet und abgeschlossen, und auch außerhalb des Unterrichts wurden die Zöglinge zu religiösen Bekehrungen, Belehrungen und Besprechungen in der Schule herangezogen, ganz abgesehen von den Aufmunterungen zu häuslichen Gebetsübungen. Durch dieses Übermaß religiöser Andacht wurden die Schüler zu einer von ihnen selbst widerwillig ertragenen Heuchelei verleitet, sodass sich bei Kant eine Abneigung gegen das Gebet, selbst in seinen allgemeinsten Formen, ausbildete und er sich später mit *Schrecken und Bangigkeit* an diese *Jugendsklaverei*[3] erinnerte. Auch zu den sonntäglichen Kirchgängern hat er nie gezählt.

Universität

In demselben Jahr 1740, als Friedrich der Große den preußischen Thron bestieg, bezog der sechzehnjährige Kant die Königsberger Universität. Möglich war der Studienbeginn allerdings erst nach einer Aufnahmeprüfung, einem Abiturexamen vergleichbar, von dem Kant trotz seiner glänzenden Schulleistungen nicht befreit wurde und das nur Söhnen reicher Leute erlassen wurde, wenn sie auf die Vergünstigungen der Universität verzichteten. Der Wunsch seiner drei Jahre vorher verstorbenen Mutter war es gewesen, ihr Sohn möge die geistliche Laufbahn einschlagen, und Schultz war es, der später diese Absicht förderte.

Bereits zu dieser Zeit verließ Kant das elterliche Haus, wohnte gemeinsam mit seinem Freund Johann Heinrich Wlömer auf einer «Bude» und bestritt seinen Lebensunterhalt durch Privatstunden. Studentischen Auslassungen und fröhlichen Unternehmungen

Friedrich der Große im Jahr seiner Thronbesteigung. Gemälde von Antoine Pesne, 1740

war Kant wenig zugetan, konnte es aus finanziellen Rücksichten auch wenig sein, sodass seine einzige Belustigung das Billardspiel war, das er mit seinen Freunden Wlömer und Heilsberg eifrig und so geschickt betrieb, dass Heilsberg sogar mit dem gewonnenen Geld einen französischen Sprachlehrer bezahlen konnte.

Ob der junge Kant jemals ernste Absichten zu einem Studium der Theologie und späterer Berufsausübung hatte, ist sehr zweifelhaft und umstritten, gewiss aber ist, dass diese Absicht nach kurzer Zeit aufgegeben wurde. Wenn auch die etwas forciert pietistische Erziehung ihm die Neigung zum Studium der Theologie genommen hatte, falls er sie je besaß, so hatte er doch keinerlei konkrete Vorstellungen über die Studienrichtung, die er an der Königsberger Universität einzuschlagen gedachte. Von Philosophie, die am Collegium Fridericianum als «ancilla theologiae» geachtet und auch missachtet worden war, ist in seinen Absichten zu dieser Zeit noch nichts zu verspüren.

Mit dem Beginn der Studienzeit aber setzte der junge Kant entschieden die Richtung fest, in der sein späteres Leben verlaufen sollte. Hier kam er zum ersten Male mit all jenen Wissensgebieten in nähere Berührung, die ihm auf der Schule verschlossen blieben: Philosophie, Mathematik und Naturwissenschaft. Wieder, wie im Collegium Fridericianum, war es eine Persönlichkeit, deren Einfluss für Kant richtungweisend wurde. An der Königsberger Universität lehrte damals der außerordentliche Professor Martin Knutzen, der, ein Jahrzehnt älter als Kant, in jungen Jahren zu einer verheißungsvollen Karriere ansetzte. Sein Lebensweg weist eine gewisse Ähnlichkeit mit der Kants auf; er führte ein zurückgezogenes, arbeitsreiches Gelehrtendasein und entfernte sich von seiner Vaterstadt Königsberg nicht weiter als auf einige Meilen. Gegensätzlich aber ist der kometenhafte Aufstieg, den Knutzen im Alter von 21 Jahren als außerordentlicher Professor für Logik und Metaphysik begann. Es lag nicht in den Grenzen seines Talents, sein Werk ruhig und stetig wachsen zu lassen. Äußere Widerstände verhinderten, dass er über die außerordentliche Professur hinauskam. Auch hat sein ungestümes Wesen seine Lebenskraft schnell aufgebraucht; er starb 1751 im Alter von 37 Jahren, hoch geachtet, vor allem aber maßlos bewundert von einer großen Schüler- und Anhängerzahl, zu der auch der junge Kant gehörte.

Königsberg: Ansicht der Albertus-Universität und des Doms von der Fischbrücke aus. Anonymes Aquarell, 1. Hälfte des 19. Jahrhunderts

Von allen akademischen Lehrern Kants war Knutzens Einfluss am bedeutendsten. Wenn es das Bemühen von Schultz gewesen war, Pietismus und dogmatische Schule zum Ausgleich zu bringen, doch in religiös-pädagogischer Absicht, so bemühte sich Knutzen in seinen Vorlesungen ebenfalls darum, pietistische Elemente an die Schriften Christian Wolffs heranzutragen, doch stets so, dass die Philosophie eigenständig und beherrschend im Vordergrund stand, so etwa in der 1740 vorgelegten Schrift «Philosophischer Beweis von der Wahrheit der christlichen Religion». Durch Knutzen ist Kant auf die Schriften der Engländer, besonders auf die physikalischen Forschungen Isaac Newtons, hingewiesen worden. Der freundschaftliche Verkehr zwischen Lehrer und Schüler war so eng, dass es Kant erlaubt war, die Bibliothek seines Lehrers uneingeschränkt zu benutzen.

Einen derartig unmittelbar-persönlichen Kontakt hat Kant mit keinem seiner weiteren Lehrer gehabt, obgleich ihm wichtige

Erkenntnisse der Physik von Professor Teske übermittelt wurden. Über naturwissenschaftliche Wissensdata hinaus aber verdankt Kant diesem akademischen Lehrer wenig. In den Jahren 1740 bis 1746 ist keine andere Wissenschaft in den Vordergrund seiner Studien gerückt, nicht klassische Philologie und auch nicht Theologie. Die Begeisterung für antike Autoren konnte auf der Universität nicht wissenschaftlich erweitert werden, da die Lehrer fehlten. Dagegen hat Kant die theologischen Vorlesungen seines ersten Förderers regelmäßig besucht, ohne dass sie jedoch die Richtung seiner eigenen Studien entscheidend beeinflusst haben.

Wichtig aber vor allem ist, dass Kant sich in diesen Jahren entschloss, den Weg eines wissenschaftlichen Lehrers zu gehen. Über die dazu notwendige ökonomische Grundlage verfügte er freilich nicht. Es konnte in seiner Studienzeit beispielsweise geschehen, dass sein einziger Rock Schaden nahm und Kant das Haus nicht verlassen konnte, bis der Schneider die Reparatur vorgenommen hatte.

Im Jahre 1746 starb sein Vater, von dem er bisher wenig finanzielle Hilfe erhalten hatte. Kant musste also den Weg nehmen, den die begabte Jugend vor und nach ihm eingeschlagen hat und den keine Geringeren als Schelling, Hegel, Fichte und Hölderlin gegangen sind: sich als Hauslehrer zu verdingen.

Ob Kant, als er 1746 die Universität verließ, seine Studien zu einem formellen Abschluss gebracht hat, ist ungewiss und auch nicht wahrscheinlich, da keine Examina überliefert sind. Dennoch gab er sich Rechenschaft über den Stand seiner Bildung, den er bis zum Jahre 1746 erreicht hatte, indem er seine erste, in deutscher Sprache abgefasste Abhandlung schrieb: *Gedanken von der wahren Schätzung der lebendigen Kräfte* (erschienen 1747). Die Arbeit greift ein großes, schwieriges und zu seiner Zeit noch ungeklärtes Thema der Philosophiegeschichte auf, *eine der größten Spaltungen, die jetzo unter den Geometern in Europa herrscht* [4], ohne doch durch ihren Vermittlungsvorschlag eine selbständige und überzeugende Lösung bereitzustellen. Der Versuch, zwischen Cartesianern und Leibnizianern einen Ausgleich zustande zu bringen, kann kaum mehr als ein Indiz dafür angesehen werden, dass sich der junge Kant bereits zu dieser Zeit nicht scheute, eine distanzierte und bedingt eigene Haltung gegenüber den damaligen größten philosophischen Autoritäten einzunehmen, *und nicht wie das Vieh der Herde der Vorangehenden zu folgen*[5], wie er unter Hinweis auf Seneca als seine Absicht formulierte. Im Übrigen war er noch nicht in der Lage, sich adäquat mit Leibniz und Descartes auseinander zu setzen, sodass Lessing angemessen verfuhr, als er sein Urteil über die Arbeit in vier Zeilen komprimierte:

Kant unternimmt ein schwer Geschäfte,
der Welt zum Unterricht,
er schätzet die lebend'gen Kräfte,
nur seine schätzt er nicht.[6]

HAUSLEHRER

Neun Jahre – von 1746 bis 1755 – ist Kant als Hauslehrer bei drei verschiedenen Familien tätig gewesen, doch hat er es stets verstanden, seine Wahl so zu treffen, dass er die nähere Umgebung von Königsberg nicht verlassen musste. Zuerst, 1747 bis 1751, unterrichtete er drei Söhne des reformierten Geistlichen Daniel Andersch in Judtschen, einem Dorf zwischen Gumbinnen und Insterburg; sodann ab 1751 war er Hofmeister bei der Familie von Hülsen auf dem Gut Arensdorf bei Saalfeld und Mohrungen – das ist zugleich Herders Geburtsort –; zuletzt auf Schloss Rautenburg in der Tilsiter Niederung oder auf Capustigall bei Waldburg beim Grafen Keyserling, der den größten Teil des Jahres in Königsberg lebte. Dessen Frau, die gebildete Reichsgräfin Karoline Charlotte Amalie, geborene Truchseß zu Waldburg, war es hier wie später in Königsberg (wo Graf Keyserling ein glänzendes Haus hielt), die den Philosophen mit der feineren Lebensart vertraut machte. Dass diese Dame keine Provinzgröße war, beweist, dass sie zu den Mitgliedern der Königlichen Akademie der Künste in Berlin zählte. Von ihrer Hand stammt das früheste, 1755 entstandene Bildnis Kants.

Diese Jahre bilden die stillste Periode im Leben des Philosophen; Kant hat später (zu kritisch) geäußert, dass er als Pädagoge nicht sehr glücklich gewesen sei und dass es wohl kaum jemals einen schlechteren Hofmeister mit besseren Grundsätzen gegeben habe. Dennoch darf nicht übersehen werden, dass er es in diesen Jahren verstanden hat, sich eine gesellschaftliche Bildung an-

Der junge Kant. Verschollene Zeichnung der Gräfin Karoline Charlotte Amalie Keyserling, um 1755

zueignen und auch die Anerkennung der Familien zu gewinnen, deren Kinder ihm anvertraut waren, sodass ihm von Seiten der Zöglinge wie deren Eltern eine lebenslange Achtung und Anerkennung entgegengebracht wurde. Zudem hat der junge Hülsen später in Kants eigenem Haus als Zögling Quartier bezogen; derselbe Georg Friedrich von Hülsen, der zu den ersten Großgrundbesitzern in Preußen gehörte, die bereits vor den Reformen Steins und Hardenbergs die Leibeigenschaft aufhoben.

Auch darüber, wieweit diese Jahre sein Wissen vertieft, ihn mit den wichtigsten philosophischen Schriften seiner Zeit intensiver bekannt gemacht und seiner Absicht, nämlich der Habilitation, näher gebracht haben, gibt es keine konkreten historischen Hinweise. Nur mittelbar, wenn man seine Erstlingsschrift mit den Arbeiten, die nach seiner Tätigkeit als Hauslehrer entstanden, vergleicht, lässt sich ungefähr beurteilen, welchen denkerischen Weg die Entwicklung Kants in diesen Jahren zurückgelegt hat.

PRIVATDOZENT

Im Jahre 1755 gab Kant seine Hauslehrertätigkeit endgültig auf, um sich in Königsberg zu habilitieren. Mit einer lateinischen Abhandlung *Über das Feuer* promovierte er am 12. Juni; die Arbeit fand besonders die Zustimmung seines früheren Lehrers Teske, der sie nicht nur als Gutachter lobte, sondern freimütig eingestand, aus ihr reiche Belehrung geschöpft zu haben. Mit einer zweiten lateinischen Schrift über *Die Grundprinzipien der metaphysischen Erkenntnis*, die er am 27. September öffentlich verteidigte, wurde Kant Privatdozent für Philosophie an der Universität Königsberg. Da jedoch – gemäß einer königlichen Verordnung aus dem Jahre 1749 – niemand, der nicht dreimal über eine gedruckte Abhandlung disputiert hatte, für eine Professur vorgeschlagen werden konnte, erfüllte Kant auch diese letzte Bedingung für ein ordentliches Lehramt im April 1756 mit einer lateinischen Abhandlung *Über die physische Monadologie.*

Damit hatte er alles getan, was an ihm allein und in seinen Kräften lag, um auf dem akademischen Weg voranzukommen, und begann seine Vorlesungen, täglich von 7 bis 9 Uhr, aber oftmals bis zu zwanzig Stunden wöchentlich. Auch thematisch weit gespannt war der Bogen der Fächer, die er im akademischen Unterricht behandelte: Mathematik, Naturlehre, Anthropologie, physische Geographie, Logik, Metaphysik, Moralphilosophie, natürliche Theologie, bisweilen auch philosophische Enzyklopädie, Pädagogik, anfangs sogar Kritik der Gottesbeweise und mit nicht geringem Interesse auch Fortifikation und Pyrotechnik.

Wenig später bewarb er sich um die außerordentliche Professur für Mathematik und Philosophie, die sein Lehrer Knutzen innegehabt hatte, der bereits 1751 gestorben war. Die preußische Regierung hatte aber beschlossen, die außerordentlichen Professuren im gegebenen Zeitpunkt – ein Jahr vor Beginn des Siebenjährigen Krieges – bis auf weiteres nicht zu besetzen. Zwei Jahre später, 1758, wurde die ordentliche Professur für Logik und Metaphysik frei, die trotz des Krieges besetzt werden musste. Schon zu dieser Zeit hatten die Russen die Provinz Preußen besetzt und im Januar ihren Einzug in Königsberg gehalten, sodass die gesamte militärische und zivile Verwaltung, damit auch die Besetzung der akademischen Ämter, in den Händen des russischen Generalleutnants Nikolaus von Korff lag. Kant bewarb sich um die vakante Stelle, unterstützt von seinem ersten Lehrer und Gönner Schultz, der ihn, bevor er ihm seine Protektion angedeihen ließ, feierlich zu einer Audienz mit der Frage empfing: «Fürchten Sie auch Gott von Herzen?»[7], um sich zu vergewissern, dass der junge Privatdozent der Philosophie noch nicht gar zu weit von der Theologie entfernt stehe. Aber ein Mitbewerber namens Johann Friedrich Buck, der schon länger als Kant Privatdozent war, wurde zum Professor berufen.

Nach der Thronbesteigung des Zaren Peter III. im Jahre 1762, als Russland vom Gegner zum Verbündeten Preußens wechselte und somit der Ausgang des Siebenjährigen Krieges für Friedrich II.

Großfürst Peter III.
von Russland.
Anonymes Gemälde,
um 1760

günstiger geworden war, fand auch die preußische Regierung Zeit, sich kulturellen und akademischen Problemen zuzuwenden. In Berlin war eine Schrift Kants *Über die Deutlichkeit der Grundsätze der natürlichen Theologie und Moral*, die er auf die Preisfrage der Preußischen Akademie der Wissenschaften verfasst hatte, mit dem zweiten Preis ausgezeichnet worden – hinter der Arbeit von Moses Mendelssohn. Auch der Ruf seiner Vorlesungen war bis nach Berlin gedrungen, sodass die Regierung der Provinz Preußen, die aus vier Etats-Ministern – dem Landhofmeister, dem Kanzler, dem Oberburggrafen und dem Obermarschall – bestand, beschlossen hatte, ihm die erste frei werdende Professur zuzusprechen.

Im Juli 1764 war es unglücklicherweise die Professur für Dichtkunst, die als nächste neu besetzt werden musste. Zwar geschah es damals recht oft, dass ein Gelehrter eine Professur, die ihm thematisch ferner lag, übernahm, da die Grenzen zwischen den einzelnen Wissenschaften noch nicht so starr wie heute gezogen waren und viele Gelehrte über die verschiedensten Gebiete dozierten. Doch Kant lehnte die Professur für Dichtkunst ab, nicht zuletzt deshalb, weil ihrem Inhaber die Aufgabe zufiel, alle jene Gelegenheitsgedichte zu verfassen, zu denen das akademische und öffentliche Leben reichlichen Anlass bot. Wie recht er tat, sich trotz dieser günstigen Situation zurückzuhalten, wird besonders deutlich, wenn man sich vergegenwärtigt, welche Aufgaben den neu berufenen Professor für Dichtkunst bereits erwarteten, bevor er sein Amt angetreten hatte. Denn der Freund Hamanns und Herders, Johann Gotthelf Lindner, Rektor in Riga, der schließlich die Professur übernahm, wurde, noch bevor er Königsberg erreicht hatte, dringend aufgefordert, als designierter «Professor Poeseos» das «Carmen» zu dem «Programma Festivum» (Weihnachtsfest) und zwei «Deutsche Carmina» für das Königliche Krönungsfest und den Geburtstag des Königs «mit erster Post einzuschicken».[8]

Obgleich Kant diese Professur ablehnte, hat sein Verhalten die preußische Regierung nicht verstimmt; vielmehr ließ der damalige Justizminister und Großkanzler von Fürst die preußische Provinzialregierung wissen, dass er den begabten Gelehrten weiter im Auge habe und gefördert sehen wolle: «Deß ungeachtet sind Wir nicht weniger gnädigst entschlossen, den Magister Immanuel

Kant zum Nutzen und Aufnehmen der dortigen Akademie bei einer anderweitigen Gelegenheit zu placieren.»[9] Erst ein Jahr später (1765) fand sich eine Möglichkeit, Kant eine geringe, aber feste Besoldung zukommen zu lassen: Die keineswegs glänzende Stelle eines Unterbibliothekars an der Königlichen Schlossbibliothek wurde ihm zugesprochen. In dem Erlass des Königs, in dem von «dem geschickten und durch seine Schriften berühmt gemachten Magister Kant»[10] lobend die Rede ist, wird ihm das bescheidene Einkommen von jährlich 62 Talern zuerkannt. Es ist die erste feste Amtsstellung Kants; er war damals bereits 42 Jahre alt.

Schließlich aber vermochten widrige Umstände nicht länger, dem wachsenden Ruf des jungen Gelehrten äußerliche Anerkennung vorzuenthalten, vor allem deshalb nicht, weil man außerhalb Königsbergs auf ihn aufmerksam geworden war. Obwohl Kant sich niemals darüber beklagt hat und beklagen konnte, dass der Prophet wenig oder nichts in seinem Vaterlande gelte – Kant ist später in seiner Vaterstadt alle Ehre zuteil geworden –, waren es doch im Jahre 1769 eine Berufung nach Erlangen und wenig später eine nach Jena, die ihm zum ersten Male eine ordentliche Professur antrugen. Kant war im Begriff, dem Ruf nach Erlangen zu folgen; er hatte auf eine vorläufige Anfrage bereits zusagend geantwortet, als sich in letzter Minute in Königsberg eine Situation abzeichnete, die seinen Wünschen entsprach. Im März 1770 wurde die Professur für Mathematik vakant, die Buck, der vor Kant die Professur für Logik und Metaphysik erhalten hatte, zu übernehmen bereit war, sodass Kant die Professur seiner eigensten Fächer, nämlich die der Logik und Metaphysik, übertragen wurde. Es war die Stelle, um die sich er, der fünfzehn Jahre lang Privatdozent bleiben musste, zwölf Jahre vorher vergeblich bemüht hatte.

Gemäß den Satzungen der Königsberger Universität war Kant gehalten, seine Professur mit einer lateinischen Dissertation anzutreten, die öffentlich verteidigt werden musste. Er entledigte sich dieser Aufgabe mit einer Arbeit, die ihn bereits auf dem Weg zu seiner eigenen philosophischen Position zeigt: *Über Form und Prinzipien der sinnlichen und intelligiblen Welt.* In der öffentlichen Disputation war sein Responsent Markus Hertz, der Mann, der zusammen mit seiner genialisch-geistreichen Frau, der berühmten Henriette Hertz, im wissenschaftlichen und literarischen Leben

Berlins später eine große Rolle spielte. Ebenfalls ist es der Mann, dem Kant auch später, als sich ihre Lebenswege trennten, eine freundschaftliche Neigung bewahrte, die sich in zahlreichen Briefen äußerte. Nur dadurch, dass Hertz mit Kant auf akademischer Basis in dem Augenblick zusammentraf, als der Philosoph seine eigene, eigenste denkerische Arbeit begann, ist es erklärlich, dass Kant dem fern von Königsberg in Berlin weilenden Hertz über die (noch zu schildernden) Schwierigkeiten und Hoffnungen berichtete, die ihm die große kritische Arbeit bereiten sollte, deren Ausgangspunkt die Dissertation von 1770 ist.

Das Jahr 1770 war deshalb in zweifacher Hinsicht ein Einschnitt im Leben Kants. Als akademischer Lehrer hatte er mit der ordentlichen Professur die höchste Stufe erreicht. In diesem Jahr war seine äußere berufliche Karriere abgeschlossen; in diesem Jahr, im Alter von 46 Jahren, stand er aber auch und erst an der Schwelle eigener denkerischer Leistung, die ihn nach zehn Jahren intensiver, aufreibender Arbeit zur *Kritik der reinen Vernunft* führen sollte.

PROFESSOR

Nun, da Kant die ordentliche Professur erreicht hatte, war sein akademischer Ehrgeiz erfüllt. Um sich ganz auf das Lehramt zu konzentrieren, gab er im Jahre 1772 seine Tätigkeit an der Schlossbibliothek auf, weil sie seine Arbeit als Professor zudem zeitlich stark belastete. Lediglich in der Fakultät rückte er auf, gemäß seinem Alter, aber nicht schneller. In der Königsberger philosophischen Fakultät waren die ersten vier Mitglieder zugleich im akademischen Senat vertreten, in den Kant 1780 eintrat, als er die vierte Stelle der Fakultät erreicht hatte.

Im Sommer 1786 fiel ihm zum ersten Male das Rektorat der Universität zu; in seiner Amtszeit hatte er die Aufgabe, im Namen der Albertina dem soeben gekrönten König Friedrich Wilhelm II. die Huldigung der Universität darzubringen, als der Monarch Königsberg besuchte. Der Kabinettsminister Graf von Herzberg, der den König als Huldigungskommissar begleitete, versäumte nicht, bei dieser Gelegenheit den Philosophen besonders auszuzeichnen, ohne dass dieser sich in irgendeiner Weise – das ist bestätigt – danach gedrängt hätte. Ebenfalls in diesem Jahre erfuhr das Gehalt

Friedrich Wilhelm II.,
König in Preußen.
Gemälde von Anton
Graff, 1792

Kants eine große, ungewöhnliche Aufbesserung von 220 Talern auf 620 Taler jährlich, eine Zulage, die Kant zugesprochen erhielt, ohne dass er darum nachgesucht hatte. Im Sommer 1788 wurde er zum zweiten Male Rektor, vier Jahre später Senior der philosophischen Fakultät sowie der gesamten Akademie.

Kants Tätigkeit als akademischer Lehrer aber hat in dem Augenblick, da er zum ordentlichen Professor berufen wurde, keine entscheidende Veränderung erfahren, einfach deshalb nicht, weil er seine akademischen Gepflogenheiten sowie die Gestaltung seines Tagesablaufs unverändert beibehielt. Nicht nur seine akademische Ordnung unterlag einer strengen Einteilung, auch sein ganzes Leben wurde einem genauen Tagesrhythmus unterworfen, der keinerlei Abwandlung zuließ. Jeder Arbeitstag dieses Mannes, der mit seinen Kräften haushielt und haushalten musste, war ihm und seinen Absichten so genau angepasst, dass der Erfolg diese Ordnung bestätigte, die nur dem nicht tyrannisch erscheinen konnte, der sie sich selbst gesetzt hatte.

Das geordnete Leben

Genau um 5 Uhr ließ sich Kant von seinem Diener, einem ausgedienten Soldaten, mit dem lapidar-militärischen Zuruf: «Es ist Zeit!»[11] wecken. Gleich begann er sodann, sich auf die Vorlesungen vorzubereiten, die er zu Anfang seiner Lehrtätigkeit auf das Maß von 4 bis 5 Stunden täglich ausdehnte. Später jedoch pflegte er viermal in der Woche von 7 bis 9 Uhr, zweimal (mittwochs und sonnabends) von 8 bis 10 Uhr zu lesen, wozu noch ein Repetitorium zu rechnen ist, das er am Sonnabend von 7 bis 8 Uhr abhielt. Diesen Vorlesungen kam er mit Eifer und Beflissenheit nach, sodass niemals eine Viertelstunde verloren ging, besonders weil er nicht krank wurde, wozu seine geordnete Tageseinteilung beitrug – die wiederum die Pünktlichkeit seiner Vorlesungen bedingte.

Nach den Vorlesungen arbeitete er ununterbrochen bis 1 Uhr, ein Zeitraum, der vor allem der schriftlichen Fixierung seiner Gedanken vorbehalten blieb, sodass es sich bei diesen Stunden um die Zeit handelt, in der er am eigensten und entschiedensten philosophisch tätig war. Dennoch kam es nicht vor, dass diese Arbeit, die ihn gar leicht hätte fesseln können, so von ihm Besitz ergriff, dass er darüber den Zeitpunkt des Mittagessens vergaß. «Um ¾ auf 1 Uhr stand er auf, rief der Köchin zu: Es ist dreiviertel!»[12] und erwartete seine Tischgäste pünktlich. Unpünktlichkeit der Gäste erregte seinen Unwillen.

Die Mittagsmahlzeit war für ihn die Zeit der Entspannung, eine Gelegenheit, sich mit gebildeten und doch nicht fachphilosophisch tätigen Männern sehr verschiedener Berufsarten ungezwungen zu unterhalten. Manchmal blieb die Tischgesellschaft bis 4 oder gar 5 Uhr zusammen. Zu jeder Speise nahm Kant Senf, den er für seine Gäste wie für sich selbst sorgfältig herstellte. Neben Wein trank

Kant, Senf zubereitend. Zeichnung von Friedrich Hagemann, 1801

Die Tischgesellschaft

Kant auch Wasser, doch nie Bier, das er für schädlich hielt. Seine Lieblingsspeisen waren Kabeljau, dicke Erbsen, Teltower Rübchen, Göttinger Wurst und Kaviar, den ihm sein Verleger Hartknoch aus Riga schickte.

Doch waren es nicht kulinarische Genüsse, mit denen seine Tafel lockte – es gab drei Gerichte und für jeden Gast eine halbe Flasche Wein, zum Schluss Butter, Käse und Gartenfrüchte –, sondern es war die Art des Philosophen und späteren Hausherrn, seine Gäste zu unterhalten. Alles was an Nachrichten und Neuigkeiten Königsberg erreichte, mochte es sich um politische, wirtschaftliche oder wissenschaftliche Ereignisse handeln, war für ihn ein Anlass, sich darüber in freundschaftlich-freier Debatte mitzuteilen. Seine Gäste, von denen er mindestens drei – nach der Zahl der Grazien –,

aber nicht mehr als neun – nach der Zahl der Musen – zu sich bat, bildeten mit ihm einen Gesellschaftszirkel, der nicht auseinander fiel in Gruppen, sondern dessen Unterhaltung stets sanft von dem Witz des Philosophen – besonders in der Diskussion – geleitet wurde. Vorzüglich waren es während der Französischen Revolution politische Fragen, die den Kreis um Kant erregten und an denen er selbst sosehr Anteil nahm, dass er begierig war, möglichst rasch über die neuesten politischen Entwicklungen unterrichtet zu werden. Zeitungen wurden von ihm mit solcher Spannung erwartet, dass er seinen Diener danach ausschickte. Nur in einem Fall konnte der konziliante kleine Mann von einem nicht zu übersehenden Unwillen befallen werden, nämlich dann, wenn einer seiner Tischgäste ihn über schwierige philosophische Probleme befragte. Kam es gar vor, dass jemand es wagte, die Schriften Kants zum Gegenstand der Unterhaltung zu machen, so konnte er sicher sein, sich den zwar gezügelten, aber doch entschiedenen Zorn des Philosophen zuzuziehen. Die Mahlzeit war für ihn Erholung – und nichts als Erholung.

Nach dem ausgedehnten Essen zog sich Kant zurück, um zu lesen, aber auch um zu meditieren, doch nie so lange, dass er seinen Spaziergang, der für 7 Uhr angesetzt war, nur um einige Minuten zu spät antrat. Auch dieser Spaziergang erfolgte mit einer solchen Pünktlichkeit, dass berichtet wird, verschiedene Königsberger hätten ihre Uhren nach dem «Umlauf» des Philosophen gestellt. Nur ein einziges Mal hat Kant diesen Spaziergang versäumt, dieses Versäumnis auch offen eingestanden und damit begründet, er habe an diesem Tage Rousseaus «Émile» gelesen und sei von der Lektüre so ergriffen worden, dass er das Buch ohne Unterbrechung bis zu Ende las.

Kant und seine Tischgenossen. Gemälde von Emil Doerstling, um 1900

Die Vorlesung

Die Zeit nach dem Spaziergang pflegte Kant wieder der Lektüre zu widmen, besonders derjenigen neu erschienener Schriften, doch auch sie konnten niemals verhindern, dass er pünktlich um 10 Uhr im Bett lag und ihm somit stets 7 Stunden Schlaf zur Verfügung standen. Diese Spanne Nachtruhe hatte er sich als angemessen und ausreichend festgesetzt, so starr, dass es nichts gab, das ihn hindern konnte, diese Regel umzustoßen.

Über die Art, wie Kant als akademischer Lehrer wirkte, haben Zeitgenossen ausführlich berichtet, sodass selbst eine Darstellung über seine erste Vorlesung im Wintersemester von 1755 zu 1756 erhalten ist, als er Privatdozent geworden war. Borowski, einer seiner ersten Schüler und auch einer seiner Biographen, schildert den Beginn der Vorlesung: «Er wohnte damals im Hause des Professors Georg David Kypke auf der Neustadt und hatte hier einen geräumigen Hörsaal, der samt dem Vorhause und der Treppe mit einer beinahe unglaublichen Menge von Studierenden angefüllt war. Dieses schien Kant äußerst verlegen zu machen. Er, ungewohnt der Sache, verlor beinahe alle Fassung, sprach leiser noch als gewöhnlich, korrigierte sich selbst oft, aber dies gab unserer Bewunderung des Mannes, für den wir nun einmal die Präsumtion der umfänglichsten Gelehrsamkeit hatten, und der uns hier bloß sehr bescheiden, nicht furchtsam vorkam, nur einen desto lebhafteren Schwung. In der nächstfolgenden Stunde war es schon ganz anders. Sein Vortrag war, wie er es auch in der Folge blieb, nicht allein gründlich, sondern auch freimütig und angenehm.» [13]

Bald nach diesem noch etwas zurückhaltenden Anfang hat Kant, obwohl seine schwache Stimme ihn stets zu einem leiseren Vortrag zwang, seine Art des Dozierens gefunden, die darin bestand, weniger die vorhandenen Lehrbücher zugrunde zu legen, als sie vielmehr zum Ausgangspunkt für eigene Gedanken zu benutzen. Wenn man bedenkt, dass damals eine Vorlesung noch eine wirkliche Lesung war, nämlich nach und vor allem direkt aus Lehrbüchern, die der Professor nicht selbst verfasst hatte, so mag die Art, wie Kant dozierte, sich sehr von der seiner Kollegen abgehoben haben. Er verzichtete zwar nicht auf die überlieferten Texte, nahm aber ihren Stoff mehr als Anregung und Anlass, zu eigenen Gedanken abzuschweifen, sodass oft wenige Zettel mit Stichworten als Vorlage für die Vorlesung ausreichten.

Die Vorlesung

Seine Lehrmethode, die er auch theoretisch seinen Schülern bisweilen erläuterte, bestand nicht darin, Philosophie als lernbare Materie zu übermitteln, sondern zu philosophieren und zu dieser Tätigkeit eine Anleitung zu geben. In concreto geschah es in der Weise, dass er nicht Resultate mitteilte, sondern sich vielmehr selbst an die Untersuchung machte, eine wissenschaftliche Operation vollzog, allmählich die richtigen Begriffe herausarbeitete, mit ihnen seine Tätigkeit des Denkens und Demonstrierens begann und so mehr auf den Weg als auf das Ziel der Gedanken achtete.

> Kant war ein Muster an Pünktlichkeit in allen seinen Vorlesungen. Mir ist in den neun Jahren, in welchen ich seinem Unterricht beiwohnte, nicht ein Fall erinnerlich, daß er hätte eine Stunde ausfallen lassen, oder daß er auch nur eine Viertelstunde versäumt hätte. Seine Vorträge waren ganz frei.
> Reinhold Bernhard Jachmann

Wenn sich seine Gedanken aber sehr weit von dem vorhandenen Lehrbuch oder Stichwort entfernt hatten und der Faden, der den Gedanken mit der ursprünglich behandelten Sache verband, zu reißen drohte, kehrte Kant plötzlich und unmittelbar mit Wendungen wie *und so weiter* oder *und so fortan*[14] zu seinem Ausgangspunkt zurück. Dieser Ausgangspunkt war nach dem Umfang der Fächer, die Kant lehrte, sehr verschieden. Der engere Kreis seiner Vorlesungen, der sich mit den Themen befasste, für welche er sich habilitiert hatte, behandelte Mathematik, Physik, Logik und Metaphysik, und hier, bei den öffentlichen Lesungen, betrug die Zahl seiner Hörer etwa achtzig bis hundert, ein für die damalige Zeit sehr zahlreiches Auditorium.

Es waren aber seine Vorlesungen über Anthropologie und physische Geographie, die den größten Kreis von Studenten und Gebildeten anzogen. Kant, der die Bannmeile Königsbergs niemals verlassen hat, war dennoch imstande, genau darzustellen, wie anderswo die Welt aussah. Die Kenntnis dazu hatte er sich vor allem durch ausgedehnte Lektüre von Reisebeschreibungen erworben. Sein Gedächtnis und seine rege Vorstellungskraft waren ihm behilflich, den mitgeteilten Einzelheiten Leben zu vermitteln, vor seinem und dem Auge seiner Zuhörer das Bild einer fremden Wirklichkeit entstehen zu lassen, sodass der Mangel, selbst nie auf Reisen jene Städte besucht zu haben, sich nicht bemerkbar machte. Dabei verstand er es, die Wirklichkeit derart durch Phantasie zu ersetzen, dass seine Schilderung der Londoner Westminster Bridge einem anwesenden Engländer die Vermutung nahe legte, er begegne in Kant einem Architekten, der einige Jahre in London gelebt habe.

Aber was es auch war, über das Kant las, stets gelang es ihm, seine Zuhörer durch Eindringlichkeit in der Argumentation sowie durch innere Lebendigkeit seines Vortrags zu fesseln, wobei er nicht versäumte, sich seiner Lieblingsdichter, Albrecht von Haller und Alexander Pope, zu bedienen, sodass seine Darstellungsweise auch poetische Naturen anzog.

Zu ihnen gehörte, als Kant noch Privatdozent war, Herder, der von 1762 bis 1764 in Königsberg studierte und trotz der späteren Kontroverse im Rückblick eingestand: «Ich habe das Glück genossen, einen Philosophen zu kennen, der mein Lehrer war. Er hatte in seinen blühendsten Jahren die fröhliche Munterkeit eines Jünglings, die, wie ich glaube, ihn auch in sein spätestes Alter begleitet. Seine offene, zum Denken gebaute Stirne war ein Sitz unzerstörbarer Heiterkeit und Freude, die gedankenreichste Rede floß von seinen Lippen, Scherz und Witz und Laune standen ihm zu Gebot,

Johann Gottfried Herder. Gemälde von Johann Friedrich Tischbein, 1796

und sein lehrender Vortrag war der unterhaltenste Umgang. Mit eben dem Geist, mit dem er Leibniz, Wolff, Baumgarten, Crusius, Hume prüfte und die Naturgesetze Newtons, Keplers, der Physiker verfolgte, nahm er auch die damals erscheinenden Schriften Rousseaus, seinen Émile und seine Héloïse, sowie jede ihm bekannt gewordene Naturentdeckung auf, würdigte sie und kam immer zurück auf unbefangene Kenntnis der Natur und auf den moralischen Wert des Menschen. Menschen-, Völker-, Naturgeschichte, Naturlehre und Erfahrung waren die Quellen, aus denen er seinen Vortrag und Umgang belebte; nichts Wissenswürdiges war ihm gleichgültig; keine Kabale, keine Sekte, kein Vorurteil, kein Namensehrgeiz hatte je für ihn den mindesten Reiz gegen die Erweiterung und Aufhellung der Wahrheit. Er munterte auf und zwang angenehm zum Selbstdenken; Despotismus war seinem Gemüte fremd. Dieser Mann, den ich mit größter Dankbarkeit und Hochachtung nenne, ist Immanuel Kant: Sein Bild steht angenehm vor mir.»[15]

Früh schon waren es nicht nur Studenten, die Kant unter seine Zuhörer zählte, sondern auch Gebildete in Königsberg oder andere interessierte Personen, die sich, wenn sie nicht in Königsberg wohnten, Abschriften seiner Vorlesungen besorgten und erbaten. Bereits Anfang der siebziger Jahre gehörte zu seinen «entfernteren» erwachsenen Schülern der damalige preußische Minister von Zedlitz, der als erklärter Verfechter der Aufklärung und als Staatsdiener Friedrichs des Großen bis zur einzelnen Professur das gesamte preußische Unterrichts- und Universitätswesen eigenwillig und weit blickend organisierte, nachdem er Kultusminister geworden war. Mit Kant verband ihn ein angeregter Briefwechsel, in dessen Verlauf Kant eine Professur in Halle wie der Titel eines Hofrats angeboten wurden. Beides ablehnend, hat er doch seinen Dank für diese Gunst und Förderung in der Widmung zur *Kritik der reinen Vernunft* abgestattet: *Sr. Exzellenz, dem Königl. Staatsminister Freiherrn von Zedlitz. Gnädiger Herr! Den Wachstum der Wissenschaften an seinem Teile zu befördern, heißt an Ew. Exzellenz eigenem Interesse arbeiten, denn dieses ist mit jenen, nicht bloß durch den erhabenen Posten eines Beschützers, sondern durch das vielvertrautere Verhältnis eines Liebhabers und erleuchteten Kenners, innigst verbunden. Deswegen bediene ich mich auch des einigen Mittels, das gewissermaßen in*

Karl Abraham Freiherr von Zedlitz. Zeitgenössischer Kupferstich von Daniel Berger nach dem Gemälde von Wagner

meinem Vermögen ist, meine Dankbarkeit für das gnädige Zutrauen zu bezeigen, womit Ew. Exzellenz mich beehren, als könne ich zu dieser Absicht etwas beitragen [...] und bin mit der tiefsten Verehrung Ew. Exzellenz untertänig gehorsamster Diener Immanuel Kant.[16]

1775 erreichten die Anordnungen des Ministers die Universität Königsberg und machten den Professoren klar, dass ihre Lehrbücher weitgehend veraltet seien, es deshalb notwendig wäre, der crusianischen Philosophie zu entsagen und sich zeitgemäßeren Lehren, vorzüglich denen von Karl Daniel Reusch und Kant, zuzuwenden. Diese Order wurde, gemäß den Verordnungen im Zeitalter des aufgeklärten Absolutismus, ohne stilistische Verkleidungen ausgesprochen, indem man den Professoren befahl, die Lehrbücher «mit besserer Einsicht zu wählen»[17].

In welchem Maße der Minister den Philosophen schätzte, noch bevor dieser seine eigentlichen Hauptwerke geschrieben hatte, wird deutlich in einem privat-persönlich gehaltenen Brief aus dem Jahre 1778: «Ich höre jetzt ein Collegium über die physische Geographie bei Ihnen, mein lieber Herr Professor Kant, und das Wenigste, was ich tun kann, ist wohl, daß ich Ihnen meinen Dank dafür abstatte. So wunderbar Ihnen dieses bei einer Entfernung von etlichen 80 Meilen vorkommen wird, so muß ich auch wirklich gestehen, daß ich in dem Falle eines Studenten bin, der entweder sehr weit vom Katheder sitzt, oder der Aussprache des Professors noch nicht gewohnt ist, denn das Manuskript, das ich jetzt lese, ist etwas undeutlich und manchmal auch unrichtig geschrieben. – Indes wächst durch das, was ich entziffere, der heißeste Wunsch, auch das übrige zu wissen. Ihnen zuzumuten, daß Sie Ihr Collegium drucken lassen, das wäre Ihnen vielleicht unangenehm, doch die Bitte, dächt' ich, könnten Sie mir nicht versagen, daß Sie mir zur Abschrift eines sorgfältiger nachgeschriebenen Vortrags behilflich wären. Und können Sie mir dieses auch gegen die heiligste Versicherung, das Manuskript nie aus meinen Händen zu geben, nicht gewähren, so diene dieses Schreiben wenigstens dazu, Ihnen die Versicherung zu geben, daß ich Sie und Ihre Kenntnisse ganz unaussprechlich hochschätze.» [18]

Dem Ruhm zum Trotz, den Kants Vorlesungen verbreiteten, war Fichte, als er 1791 nach Königsberg kam, von dem damaligen, späten Vortragsstil des Philosophen enttäuscht: «Seine Kollegien sind nicht so brauchbar wie seine Schriften.» [19] Die Ursache dafür, dass der späte Kant in seinen Vorlesungen für den jungen Fichte eine Enttäuschung wurde, mag weniger darin begründet sein, dass Fichte mit zu großen Erwartungen nach Königsberg kam, sondern vor allem in dem Umstand, dass das zunehmende Alter den Vorlesungen Kants ihre ursprüngliche geistige Gewandtheit genommen hatte.

Das Leben, das Kant über vierzig Jahre als akademischer Lehrer führte, lässt sich in seinem monotonen Verlauf mit dem eines jeden anderen philosophischen Professors zur Zeit Friedrichs des Großen und in dessen Land vergleichen. So mag jener Mann, nämlich Buck, der Kant vorgezogen wurde, als sich beide 1758 um dieselbe Professur bewarben, jenes Leben geführt haben, wie es dem

Johann Gottlieb Fichte. Gemälde von Paul Ernst Gebauer, 1812

Kants vergleichbar ist, wenn man von der Tatsache absieht, dass Kant über seine akademische Lehrtätigkeit hinaus als philosophischer Denker tätig wurde.

Das Leben in seiner Regelmäßigkeit, wie es Kant führte, ist, da es nicht aus der Gewohnheit seiner Zeit fiel, kaum der Beachtung wert. Jede Beachtung, außer der, Kant den Weg zur ordentlichen Professur versperrt zu haben, ist deshalb auch einem Mann wie Buck versagt geblieben, der nicht weniger monoton-korrekt seine Stellung ausgefüllt haben mag, nur dass kein Grund vorlag, seinen Lebensweg der Nachwelt zu übermitteln. Kants Bedeutung ist daher dort zu suchen, wo seine Tätigkeit den Rahmen der Zeit und die Leistung der Zeitgenossen übersteigt. Aber gerade diese Tätigkeit, die philosophisch entscheidende, hat sein Leben als akademischer Lehrer nicht gesprengt. Gewisse Stunden des Tages, über die er anderen wenig und noch weniger sich selbst schriftlich Rechenschaft gab, waren der Raum, den der Philosophieprofessor als Werkstatt für den Denker ausgespart hat.

Auffallend ist, dass seine Tätigkeit als philosophischer Schriftsteller nie seine Beflissenheit als Lehrer verletzte oder auch nur gefährdete, sodass es wohl immer ein Geheimnis der Gestaltung seines Lebens bleibt, beide doch bisweilen sehr verschiedene Bereiche so harmonisch verbunden zu haben, dass sie niemals die Einheit seiner Persönlichkeit sprengten und seine bürgerliche Existenz gefährdeten. Lehrer und Denker waren in ihm ungezwungen vereinigt, doch so, dass rein zeitlich der lernende und lehrende Kant zuerst in den Vordergrund trat, dann aber dem Denker Platz machte, der später die Fähigkeit des Lernens und Hörens anderer Philosopheme fast völlig verlernte, dafür aber sich immer bestimmter den eigenen Gedanken zuwandte.

Emeritus

Nach dem Konflikt mit der preußischen Zensurbehörde im Jahre 1794, als die Arbeit an den drei großen Kritiken bereits weit hinter ihm lag, zog sich Kant allmählich und stetig vom akademischen Lehramt zurück. Dieser Rückzug erfolgte nicht aus Verbitterung, die ihm, der keine Kämpfernatur war, fern lag, sondern als Folge seines fortschreitenden Alters. 1795 beschränkte er sich auf wenige öffentliche Vorlesungen, gab dann aber im Jahre 1797 seine Tätigkeit als Professor gänzlich auf, nicht zuletzt in dem Bewusstsein, dass der Durchbruch seiner Philosophie gelungen war, es daher nicht länger seines persönlichen Einsatzes bedurfte, den er zudem nicht mehr – sieben Jahre vor seinem Tod – zu leisten fähig war. 1798 folgte er zum letzten Male einer Einladung außerhalb des Hauses. Zurückgezogen beschränkte er sich auf den Kreis derjenigen Freunde, die zu seiner Tafel geladen waren und mit denen er in weiterem, doch allmählich erlahmendem Verkehr stand.

Auch wenn sich Kant vom Katheder zurückgezogen hatte, war er weiterhin schriftstellerisch tätig, zumindest soweit es seine schwächer werdenden Kräfte erlaubten. Das Manuskript, das er unvollendet hinterließ, bemüht sich um den *Übergang von der Metaphysik der Natur zur Physik*, ein Werk, über dessen Bedeutung von ihm selbst verschiedene Urteile vorliegen. Bisweilen äußerte er die Ansicht, die Schrift sei vollendet, bedürfe nur noch der letzten stilistischen Überarbeitung und übertreffe an Bedeutung alle seine vorausgegangenen Arbeiten. Bisweilen aber sprach er den Wunsch aus, dass das Manuskript nach seinem Tod zu verbrennen sei. Betrachtet man die Urschrift, so wird deutlich, dass hier die

Energie des Denkens im Schwinden ist und praktisch-häusliche Erfordernisse sowie privateste Bedürfnisse sich als Randbemerkungen und Abschweifungen einmischen.

Jetzt, im Alter, da der Professor abgetreten und auch der Denker zurückgetreten war, drängte sich zwangsläufig der Mensch Immanuel Kant wieder in den Vordergrund. Sein persönliches Leben, das fortan seine ganze Aufmerksamkeit in Anspruch nahm, musste sich jedoch ganz den Gesundheitsregeln unterwerfen, die sein körperliches Wohl verlangte. Da er niemals im eigentlichen Sinne krank gewesen war, kann auch der Zustand zunehmender Schwäche nicht als konkretes Symptom einer organischen Krankheit gewertet werden, sondern der Körper des Philosophen fiel einem allgemeinen und umfassenden Marasmus anheim, einem Abnehmen der physischen Kräfte. Umso bewegender ist es, die einzelnen Stadien zu verfolgen, die sein verlöschender Körper durchlaufen musste, bis ihm endlich und erlösend die Kraft der Selbsterhaltung genommen war.

Die Geschichte dieses Verlöschens, auch in den kleinsten Details, hat Ehregott Andreas Christoph Wasianski, ein Schüler und später der Hausfreund des Philosophen, aus der Sicht persönlicher Erfahrung niedergeschrieben. Dieser Bericht, dem hier nicht in allen Einzelheiten nachgegangen werden soll, ist die wichtigste Quelle über die letzten Lebensjahre Kants. Ihr Autor übernahm damals die Aufgabe, als befreundeter Krankenpfleger dem Philosophen beizustehen und seinem Haus bei allen wirtschaftlichen Erfordernissen vorzustehen, eine Aufgabe, die er umsichtig und taktvoll löste.

Am 3. Februar 1804, neun Tage vor seinem Tod, wurde Kant von einem hervorragenden Arzt, der zugleich Rektor der Universität war, besucht und erhob sich mühsam von seinem Sitz, um dem hohen Gast die angemessene Höflichkeit zu erweisen. Als der Arzt ihn bat, sich zu setzen, zauderte Kant, ohne den näheren Grund anzugeben, bis der anwesende Wasianski den Rektor daran erinnerte, dass Kant nicht eher bereit sei, die ihm große Anstrengung bereitende Stellung aufzugeben, bis sein Gast Platz genommen habe. Dankbar, sich durch einen Kenner des Hauses verständlich gemacht zu haben, äußerte Kant: *Ganz recht, das Gefühl für Humanität hat mich noch nicht verlassen.* [20]

Die Schwierigkeit, sich verständlich auszudrücken, hatte den Philosophen schon vorher heimgesucht, sodass er auch gegenüber dem Arzt nicht in der Lage war, präzis zu sagen, was er wünschte. So murmelte er etwas von *Posten* [21], ein Wort, das der Arzt nicht zu deuten vermochte, sondern es auf die Post bezog und dem Philosophen versicherte, mit der Post sei alles in Ordnung. Wieder war das, was Kant sagen wollte, nur dem verständlich, der im näheren Umgang mit ihm erfahren hatte, dass sich die Wörter nur mehr schwer zu Sätzen formen wollten. In diesem Augenblick nun sagte Kant: *Viele Posten, beschwerliche Posten, bald wieder viele Güte, bald wieder Dankbarkeit.* [22] Die Verbindung zwischen diesen Wörtern bestand darin, dass Kant mit dem Arzt über das Honorar, den Posten, ins Reine kommen, zugleich aber seinen Dank für dessen Güte abstatten wollte.

Vor dem Besuch des Arztes war Kant mitgeteilt worden, dass sein medizinischer Helfer großzügig auf eine finanzielle Vergütung verzichte, doch hatte der alternde Philosoph diesen Umstand völlig vergessen. Mit zunehmendem Alter nahm auch seine Erinnerung an befreundete Personen ab, eine Schwäche des Alters, die bei seinen Schülern, wenn sie ihn besuchten, Mitleid und Erschrecken erregte. Zu denen, die diese Erfahrung machen mussten, gehörte auch Reinhold Bernhard Jachmann, ein Schüler Kants, der in einer Reihe von Briefen über das Leben des Philosophen aus unmittelbarem Erleben berichtet hat. Seinen späten Besuch schildert er so: «Ich flog mit wehmütigem Herzen an seine Brust, ich drückte ihm meinen kindlichen Kuß auf seine Lippen, ich bekannte ihm meine Freude, ihn wiederzusehen und er – er blickte mich mit matten forschenden Augen an und fragte mich mit einer freundlichen Miene: Wer ich wäre. Mein Kant kannte mich nicht mehr.» [23]

Bevor die Kraft der Erinnerung nachließ, hatte ihn ein anderes Übel ereilt, ohne dass er sich dessen sogleich bewusst geworden war. Sein linkes Auge verlor die Sehkraft, ein Versagen, das Kant erst bemerkte, als er während des Spazierganges auf einer Bank ausruhte und beim Zeitunglesen die Probe machen wollte, mit welchem Auge er besser sehen könne. Dabei musste er feststellen, dass sein linkes völlig erblindet war, ein Verlust, den er vergeblich auszugleichen suchte. Da er bisher keine Brille getragen hatte, auch ein Leseglas ablehnte, war er nun gezwungen, sich um das rechte Auge zu sorgen, um nicht ganz zu erblinden. Um weiterhin lesen zu können, ließ er bei einem Optiker eine besonders starke Brille bestellen, doch zeigte sich bald die Unbrauchbarkeit dieses Leseinstruments, da das Licht nach der dreifachen Brechung nicht mehr zur Lektüre ausreichte.

Viele kleine Leiden, von denen keines Kraft genug besaß, dem Leiden des schwächlichen und immer schwächer werdenden Körpers ein Ende zu bereiten, suchten den Philosophen heim. Auch sein Geschmackssinn nahm so sehr ab, dass er nicht länger in der Lage war, eine süße von einer sauren Speise zu unterscheiden. Er, der sein ganzes Leben lang ein guter Esser gewesen war, verspürte immer weniger Appetit, so wenig, dass die Nahrungsaufnahme nicht ausreichte, seinem Körper die nötigen Kräfte zur Selbsterhaltung zuzuführen. Im Oktober 1803 erkrankte er zum ersten Male ernstlich, da eine Magenverstimmung ihm die Aufnahme der Nahrung unmöglich machte, die er so dringend brauchte. Zwar erholte er sich, doch reichten seine Kräfte zur Genesung nicht aus.

Die letzten Stunden des Philosophen, bei denen außer Wasianski vor allem seine ihn pflegende Schwester, Frau Theuerin, anwesend war, brachen am 12. Februar 1804 an, als im Laufe des Vormittags seine Gestalt merklich erstarrte und sein Puls schwächer wurde. Um 11 Uhr wurde sein Tod festgestellt, «ein Aufhören des Lebens und nicht ein gewaltsamer Akt der Natur»[24] (Wasianski), zugleich aber eine Erlösung, deren Nachricht sich unmittelbar in ganz Königsberg verbreitete.

Das Begräbnis, angesetzt am 28. Februar um 15 Uhr (der völlig ausgetrocknete Körper erlaubte eine so lange Wartezeit), war ein Ereignis, das die ganze Stadt in Aufregung und Anteilnahme versetzte. Auf Anordnung des Polizeidirektoriums wurden die Straßen, durch die der Trauerzug seinen Weg nehmen sollte, von Schnee gesäubert. Viel Publikum hatte sich bereits drei Stunden vor Beginn der Trauerfeierlichkeiten in den Straßen eingefunden und wartete geduldig. Die Honoratioren, vor allem die Generalmarschälle von Königsberg, Danzig und Litauen, wurden von Studenten feierlich eingeholt und vom Schloss zum Sterbehaus geleitet, von dem sich der Trauerzug unter dem Geläute aller Glocken der Stadt zur Universitäts- und Domkirche bewegte. Voran eine

| Die Trauerfeier

militärische Abteilung von Oboisten, die Trauermusik spielten, sodann die Würdenträger der Stadt, hinter dem Sarg Verwandte, Freunde, Studenten und Bürger in unübersehbarem Zug.

Kurator und Senat der Universität empfingen den Trauerzug am Kircheneingang; der Sarg wurde auf einem Katafalk vor dem Altar aufgestellt. Seitlich vom Sarg stand Kants Büste, eine Arbeit des Schadow-Schülers Friedrich Hagemann, und auf einem kleinen Tisch lagen seine Hauptschriften ausgebreitet. Die Trauermusik, die von Hiller komponiert und ursprünglich auf den Tod des – Kant nicht sehr gnädig gesonnenen – Königs Friedrich Wilhelm II. geschrieben, doch noch rechtzeitig geändert worden war, eröffnete und beschloss die Totenfeier, bei der auch städtische Schauspieler mitwirkten. (Das Theater hatte an diesem Tage geschlossen.) An der Nordseite des Domes, im so genannten Professorengewölbe, wurde der Sarg in die Erde gesenkt. Und kurz nach seinem Tode verbot ein administrativer Erlass weitere Bestattungen innerhalb der Stadtmauern, sodass Kant als Letzter an dieser Stelle begraben worden ist.

Nahe seinem Wohnhaus, das wenig später eine Gaststätte für Billard- und Kegelspiele wurde, errichtete man ein lebensgroßes

Die Todesanzeige

Die Grabstätte

Standbild, geschaffen von Christian Rauch, das aber seinen Platz am «Kant-Berg» bald aufgeben musste und nach dem abgelegenen «Paradeplatz» versetzt wurde. Die Grabstätte, mehr und mehr unbeachtet, verfiel bereits nach fünf Jahren, sodass ein Freund und Verehrer Kants, der Kriegsrat Johann George Scheffner, das Professorengewölbe in eine Wandelhalle verändern ließ: für die auf «dem Collegio Albertino Wohnenden und andere Bewegungsbedürftige». Das Gebäude, jetzt deutlich über dem Eingang als «Stoa Kantiana» gekennzeichnet, war zum öffentlichen Besuch freigegeben; nur das Ende des einen Flügels, die Ruhestätte Kants, war durch ein Eisengitter abgegrenzt und den Besuchern sichtbar durch einen Gedenkstein sowie die dort seit 1810 aufgestellte Hagemann'sche Büste.

Doch nur wenige Jahre widerstand dieser unzulänglich geschützte Bau den Witterungseinflüssen und befand sich bereits 1825 in einem «gräulichen Zustand des Schmutzes». Erst 1880 kam es zu einer Renovierung. Zur Hundertjahrfeier der *Kritik der*

Die alte Stoa Kantiana mit dem Dom
und dem Auditorium maximum

Kants Testament. Die letzte Seite mit Unterschrift und Siegel, datiert 14. Dezember 1801

reinen Vernunft öffnete man das Grab, stieß auf zwei Skelette, von denen eines sicher und sorgfältig identifiziert wurde. Es wurde in einen Zinnsarg umgebettet, mit Urkunden versehen und in einer neugotischen Grabkapelle an derselben Stelle erneut bestattet. Im

Kant-Gedenktafel an der ehemaligen Schlossmauer in Königsberg, Kantstraße, mit dem berühmten Zitat des Philosphen: «Zwei Dinge erfüllen das Gemüt mit immer neuer und zunehmender Bewunderung und Ehrfurcht, je öfter und anhaltender sich das Nachdenken damit beschäftigt: Der bestirnte Himmel über mir und das moralische Gesetz in mir.»

Innern dieses Raumes, links vom Eingang und hinter dem Gedenkstein Scheffners, stand wieder eine Büste, ausgeführt von Professor Siemering in weißem Marmor. Auf der Wandfläche dahinter war die «Schule von Athen», eine Kopie von Raffaels Werk, auf Leinwand in grauen Tönen ausgeführt. An der gegenüberliegenden Wand, unmittelbar vor dem Blick des Besuchers, waren die Worte im *Beschluß* der *Kritik der praktischen Vernunft* angebracht: *Der bestirnte Himmel über mir und das moralische Gesetz in mir.*[25]

Auch diese Ruhestätte, die so überaus sorgfältig geplant war, aber wohl nicht ausreichend gewartet wurde, erlag den Zeiteinflüssen und wurde 1924, zur 200. Wiederkehr seines Geburtstags, durch ein neues Grabmal ersetzt, das Friedrich Lahrs entworfen hatte.

1950 wurde der Sarkophag Kants, der noch unbeschädigt unter den Trümmern des Mausoleums stand, heimlich von unbekannten Tätern aufgebrochen und beraubt. Heute ist die Gedenkstätte wieder würdevoll hergerichtet.

Das von Friedrich Lahrs 1923/24 geschaffene Kant-Grabmal (Stoa Kantiana) am Dom in Königsberg

Kant als Spaziergänger. Zeichnung, farbig gehöht,
in Schattenrissmanier von Puttrich, um 1798

Seine Gestalt

Kants Gestalt kann nicht anders als klein bezeichnet werden, kaum 157 Zentimeter groß, wie Jachmann berichtet. Der Knochenbau war nicht sehr stark, die Muskulatur wenig ausgebildet, sodass Kant genötigt war, seine Kleider durch künstliche Mittel zu befestigen, weil sie unmittelbar an seinem Körper keinen Halt fanden. Die Brust war eingefallen, sodass er bisweilen über Mangel an Luftzufuhr klagte. Der rechte Schulterknochen trat hinten etwas hervor, nicht sehr stark, aber doch in dem Maße sichtbar, dass nicht mehr von einer gleichen Höhe der Schultern gesprochen werden kann. Seine Nerven waren anfällig und seine Sensibilität so groß, dass schon ein frisch gedrucktes, noch feuchtes Zeitungsblatt ihm einen Schnupfen verursachte. Seine Augen ließen ihn nicht im Stich, auch wenn sie nicht fähig waren, entfernte Gegenstände zu erkennen; aus der Nähe nahmen sie alles scharf wahr, sodass Kant bis ins hohe Alter keine Brille benötigte.

Immanuel Kant an Karl Leonhard Reinhold am 12. Mai 1789:
Das von Hrn. Loewe, einem jüdischen Maler, ohne meine Einwilligung ausgefertigte Porträt soll, wie meine Freunde sagen, zwar einen Grad von Ähnlichkeit mit mir haben, aber ein guter Kenner von Malereien sagte beim ersten Anblick: ein Jude malt immer wiederum einen Juden; wovon er den Zug an der Nase setzt: doch hiervon genug.

Sein Kopf, nicht übernatürlich groß, musste zumindest im Verhältnis zu seinem kleineren Körper als groß erscheinen. Sein Gesicht wird – von den Zeitgenossen – als von angenehmer Bildung geschildert, so angenehm, dass ihm zumindest nicht abgesprochen werden kann, in seiner Jugend sogar hübsch gewesen zu sein. Seine Haarfarbe war blond, die Farbe seiner Augen blau, und selbst im Alter zeigte sein Gesicht noch eine frische gesunde Röte.

Vor allem die Augen sind es gewesen, die andere in den Bann seiner Persönlichkeit zogen, etwa nach dem Zeugnis Jachmanns: «Kants Auge war wie vom himmlischen Äther gebildet, aus welchem der tiefe Geistesblick, dessen Feuerstrahl durch ein leichtes Gewölk etwas gedämpft wurde, sichtbar hervorleuchtete. Es ist unmöglich, den bezaubernden Anblick und mein Gefühl dabei zu beschreiben, wenn Kant mir gegenüber saß, seine Augen nach unten gerichtet, sie dann plötzlich in die Höhe hob und mich ansah.

Mir war dann immer, als wenn ich durch dieses blaue ätherische Feuer in Minervens inneres Heiligtum blickte.»[26]

Den schwächlichen Körper unterwarf Kant seiner Beobachtungs- und Willenskraft; nachdem er eingesehen hatte, dass gewisse Beschwerden durch seine Konstitution bedingt waren und es keinerlei Heilmethoden gab, Abhilfe zu schaffen, behandelte er seine Leiden psychologisch, indem er sie als zu seiner Person gehörig betrachtete, aufmerksam studierte und doch zugleich verdrängte, wenn es darum ging, seine gesammelte Aufmerksamkeit der Arbeit zuzuwenden. Christoph Wilhelm Hufeland, dem Verfasser der «Makrobiotik», eines Werks, das auf die Verlängerung des Lebens abzielt, widmete er einen Aufsatz: *Von der Macht des Gemüts, durch den bloßen Vorsatz seiner krankhaften Gefühle Meister zu sein.* Nichts hätte in seinem Fall näher gelegen, als der Hypochondrie zu verfallen, da er wegen seiner flachen und nicht sehr ausgedehnten Brust regelmäßig unter Herzbeklemmungen litt.

> Sein eigener Körper, von mittelmäßiger Größe nur, war fein gebaut; sonst im ganzen unfehlerhaft, nur, daß seine rechte Schulter, auch in jüngeren Jahren schon, merklich höher war. Kant hatte nicht eben große, aber lebhafte und doch dabei sanfte Augen. Ihre Farbe war blau, worauf er, ich weiß nicht warum, etwas setzte. Das linke, wie das Publikum es durch ihn selbst weiß, versagte ihm, mehrere Jahre vor seinem Tode schon und lange ihm selbst unbemerkt, auch von ihm nachher nur wenig beachtet, den Dienst.
>
> Ludwig Ernst Borowski

Um seinen Körper keiner unnötigen Strapaze auszusetzen, überzog er sein Leben mit einem Koordinatenkreuz von Gesundheitsregeln, denen er sich willig fügte. Ein sorgfältig berechnetes System bestimmte die Diät der Mahlzeiten, auf Jahrzehnte lag die Dauer seines Schlafes fest, sogar die Art seines Nachtlagers und die Methode, nach der er sich zudeckte. Selbst seine Spaziergänge machte er allein, nicht um in seinen Gedanken von anderen ungestört zu bleiben, sondern um sich nicht rheumatischen Affektionen auszusetzen, wenn er zum Sprechen den Mund öffnete. Unangenehm war es ihm, einem Bekannten zu begegnen, der ihn beim Spaziergang begleitete, da hierdurch die Gefahr entstand, dass er seinen üblichen Schritt beschleunigen musste und in Transpiration geriet. Um auch im Hause bisweilen zur Bewegung gezwungen zu werden, legte er sein Taschentuch auf einen entfernteren Stuhl und verschaffte sich dadurch Anlässe, nicht am selben Ort zu verharren.

Da er nie krank war, bestand nie die Notwendigkeit, irgendwelche Heilmittel zu nehmen, eine Gewohnheit, die er als Grundsatz streng befolgte, abgesehen von den Pillen, die ihm sein Jugendfreund, der Arzt Johann Gottlieb Trummer, verschrieben hatte und die er über Jahrzehnte hin regelmäßig einnahm. Dennoch verfolgte er die wissenschaftliche Entwicklung der Heilkunde und Medizin genau, nicht nur aus wissenschaftlichem Interesse, sondern um stets seinen Körper unter Kontrolle zu haben. Die Gesundheitsregeln, denen er sich unterwarf, waren vielfach und zahlreich, stets aber sinnvoll auf die Schwäche seines Körpers berechnet und daher auch erfolgreich.

SEIN CHARAKTER

Kant, dem von Geburt nicht wirtschaftliche Unabhängigkeit zugefallen war, erreichte durch Ausdauer und Anstrengung dieses Ziel, sobald ihn seine Einkünfte aus der akademischen Lehrtätigkeit dazu in die Lage setzten. Unabhängigkeit von jedermann war das Fundament, auf dem sein inneres Glücksgefühl erwuchs, ein Gefühl der Freiheit und Rechtschaffenheit, das allein möglich wurde durch Sparsamkeit und Regelmäßigkeit, mit denen er seine ökonomischen Verhältnisse in Ordnung hielt.

Das Kapital, das sich durch seine Sparsamkeit angesammelt hatte, betrug im Jahre 1798 42930 Gulden oder 14310 Taler, eine Summe, in die der Wert seines Hauses sowie der seines Mobiliars nicht eingeschlossen war. Es ist erstaunlich, dass eine solche Summe aus seiner Tätigkeit als Professor und philosophischer Schriftsteller zusammenkam, doch ist ihre Höhe nicht etwa auf Geiz, sondern auf Spar-

> Er hielt sich auch für ganz vorzüglich glücklich, daß er nie in seinem Leben irgend einem Menschen einen Heller schuldig gewesen sei.
>
> Reinhold Bernhard Jachmann

samkeit zurückzuführen, die sich nicht scheute, jährlich 200 Taler zur Unterstützung seiner Verwandten aufzuwenden. Den Töchtern seiner Schwestern schenkte er jeweils eine Aussteuer von 100 Reichstalern. Die genauen Angaben über seine Vermögensverhältnisse werden uns überliefert durch den Biographen Wasianski, der von Kant selbst in seinem hohen Alter dazu ausersehen war, seine Geldverhältnisse zu regeln und sein Testament zu vollstrecken.

Das Vertrauen, das Kant Wasianski entgegenbrachte, war ein Charakterzug, der sich bei aller Distanz gegenüber seinen Mitmenschen und Zeitgenossen dennoch erhielt. Wenn es dazu kam, dass Kant seine Zurückhaltung um einige Grade verringerte – nicht aufhob –, so geschah es nicht aus familiären Rücksichten. Mit seiner Familie stand er in so loser Verbindung, dass kaum von einem Familiensinn gesprochen werden kann. Mit seinem Bruder in Kurland pflegte er einen unregelmäßigen, von seiner Seite recht kühlen Briefwechsel, und mit seinen Schwestern, die ebenfalls in Königsberg lebten, hat er 25 Jahre lang nicht gesprochen, ohne dass eine Verstimmung vorlag.

Im Zusammenhang mit seiner Familie taucht immer wieder die Frage auf, warum er selbst keine eigene Familie gründete. Berichtet wird, dass der Jüngling Kant geliebt hat; auch der erwachsene Mann, wenngleich fortgeschrittenen Alters, sei nicht ein erklärter Feind der Ehe gewesen, sondern habe zweimal den festen Vorsatz gehabt, «würdige» Frauenzimmer zu ehelichen, doch sei es mit dem Entschluss und dessen Verwirklichung so langsam vorangekommen, dass er gegenüber Konkurrenten ins Hintertreffen geriet.

Immerhin stand er bei Frauen in der Gunst, wie folgender, stilistisch und orthographisch nicht sehr standfester Brief aus dem Jahre 1762 zeigt: «Wehrter Freünd Wundern Sie sich nicht daß ich mich unterfange an Ihnen als einen großen Philosophen zu schreiben? Ich glaubte sie gestern in meinem garten zu finden, da aber meine Freündin mit mir alle alleen durchgeschlichen, und wir unsern Freünd unter diesem Zirckel des Himmels nicht fanden, so beschäftigte ich mich mit Verfertigung eines Degen Bandes, dieses ist ihnen gewidmet. Ich Mache ansprüche auf Ihre gesällschaft Morgen Nachmittag, Ja Ja ich werde kommen, höre ich sie sagen, nun Gutt, wir erwarten sie, dan wird auch meine Uhr aufgezogen werden, verzeihen Sie mir diese erinnerung Meine Freundin und Ich überschicken Ihnen einen Kuß per Simpatie die Lufft wird doch woll in Kneiphoff dieselbe seyn, damit unser Kuß nicht die Simpatetische Krafft verliret, Leben Sie Vergnügt und Wohl auß dem garten, den 12 Juny, 1762 Jacobin.»[27]

Nirgendwo taucht in seinem Leben ein Indiz dafür auf, dass er es bedauert oder gar darüber geklagt hat, nicht verheiratet gewesen zu sein. Noch in seinem 70. Lebensjahr wurde er durch einen Zuspruch zur Ehe heimgesucht, veranlasst durch den naiv gutmütigen Hospitalprediger Becker, der extra eine Abhandlung «Raphael und Tobias» drucken ließ, um Kant das Ehejoch aufzuschwatzen. Der Philosoph zahlte freigebig die Druckkosten, amüsierte sich sodann aber auf Kosten des Predigers im Kreise seiner Tischgesellschaft.

Seinen Freunden, auch deren Kindern, trug er in vorgerücktem Alter vor, wie nützlich eine Ehe sein könne, wenn sie aus finanziellen Rücksichten geschlossen werde – ein Beweggrund, der ihm besonders geeignet erschien, das Glück und den Bestand einer Ehe zu garantieren.

Seine Zurückhaltung gegenüber der Ehe bewirkte jedoch nicht, dass er ein «Weiberfeind» wurde, der Gesellschaften gemieden und sich in sein Zimmer und hinter seine Bücher zurückgezogen hätte. Begünstigt war sein Auftreten in der Gesellschaft durch die Gabe der leichten, geistreichen und gefälligen Unterhaltung, ein Vorzug, der ihn zu einem der begehrtesten Gesellschafter Königsbergs machte, auch als er noch nicht als philosophischer Autor berühmt war. Ernst und Witz, selbst Satire, doch ohne verletzende Schärfe, standen ihm zu Gebote, wobei sein Humor die Gefahr eines professoralen Vortrags vermied, sodass er zum bevorzugten Gesprächspartner der Frauen wurde, mit denen er auch gewandt und überaus sachkundig über die Probleme der Küche zu plaudern wusste. Eine «Kritik der Kochkunst» zu schreiben, hat Hippel hartnäckig von ihm gefordert.

Den eigentlichen menschlichen Umgang, auf den auch Kant nicht verzichtete, pflegte er nicht mit seinen Verwandten, sondern mit Freunden und Bekannten. Dabei ist auffallend, dass seine engsten Freunde, denen er jahrelang und oft bis zum Tod verbunden war, nicht aus seinem eigentlichen Wirkungsbereich der Universität stammten, sondern aus dem wirtschaftlichen Leben und anderen mehr auf das Reale gerichteten Berufen. Besonders mit dem englischen Kaufmann Joseph Green verband ihn eine jahrelange Freundschaft, die in täglicher Gewohnheit gepflegt wurde. Im Gartenhaus Greens trafen sich nach dem Essen die Freunde, wobei es sich oft ereignete, dass Kant bei seiner Ankunft Green schlafend vorfand. Der Philosoph setzte sich dann in einen anderen Lehnstuhl neben ihn und folgte ihm in den Schlaf. Ein weiterer Freund, Wilhelm Ludwig Ruffmann, Bankdirektor in Königsberg, betrat als Nächster das Gartenhaus und zögerte nicht, sich ebenfalls dem Schlaf anzuvertrauen. Zu einer bestimmten Zeit erschien endlich Robert Motherby, der Schwager und spätere Geschäftsnachfolger Greens, und weckte die schlafende Gesellschaft, die dann bis zum Abend, etwa bis sieben Uhr, in angeregtem Gespräch zusammenblieb.

Eine weitere Gelegenheit, Freundschaft zu pflegen, war dem Philosophen die Mittagsmahlzeit, zu der er mehrere Personen einlud. Der Takt, mit dem diese Einladung erfolgte, ging so weit, dass er sich scheute, einen Freund eher als noch am Tage der Einladung durch seinen Diener zu benachrichtigen, um ihn nicht von einer wichtigen, vorher eingegangenen Verabredung abzuhalten. Die Freunde und Gäste, die seiner Tafelrunde angehörten, bedachte er mit aller Aufmerksamkeit.

Kam es jedoch vor, dass einer seiner Freunde erkrankte, so ergriff Kant eine heftige Unruhe, die er dadurch zu besänftigen suchte, dass er mehrere Male am Tage durch seinen Diener im Haus des Erkrankten nachfragen ließ, wie es um dessen Gesundheitszustand stehe. Nur im Falle Trummers begab er sich selbst in das Krankenzimmer, sonst aber begnügte er sich damit, über den Gang der Krankheit sorgfältig Informationen einzuziehen. Trummer, mit dem Kant seit dem Collegium in Verbindung stand, ist der Einzige gewesen, demgegenüber er die persönliche Anrede «Du» zuließ. Übrigens hat Borowski überliefert, dass Kant «nie weitläufig in Komplimenten» war und «seine Freundschaft gute gehaltreiche Prosa blieb; nie etwas Poetisches darin».[28] Ebenso hatte er bei der Erkrankung von Hippel nicht versäumt, dessen Befinden zu erkunden, doch brach er, als nach dem Tode des Freundes am nächsten Tag das Tischgespräch seine Persönlichkeit würdigen wollte, die Unterhaltung ab mit den Worten: «Es wäre freilich schade für den Wirkungskreis des Verstorbenen, aber man müßte – den Toten bei den Toten ruhen lassen.»[29]

Die Freunde unterstützten seinen Junggesellenhaushalt, jeder auf seine Weise, sinnvoll; so stopfte Kriminalrat Jensch jeden Donnerstag für die ganze Woche die Pfeifen des Philosophen; Professor Pörschke, ein junger, von Kant empfohlener Philosophiedozent, besorgte durch seine Frau das Trocknen der Schotenerbsen und Schwertbohnen; der jüngere Motherby schaffte seine Lieblingsspeisen Kabeljau und Käse herbei; der Kaufmann Jacobi sorgte für Rheinwein; Regierungsrat Vigilantius erledigte die Gehaltsquittungen, und Stadtrat Buch brachte ihm die Königsberger Sterbeliste, die er eifrig studierte.

Die unruhige, wechselhafte Beziehung, die zwischen Kant und Hamann bestand, kann nicht als Freundschaft gewertet werden. Hier – wie bei Herder – waren es die Konkurrenz und gedankliche Divergenz, durch die eine vollkommene Harmonie verhindert wurde. Als Hamann von seiner Reise aus Warschau und Riga, auf der er auch Herder kennen gelernt hatte, mit dem er in ständigem, intensivem Briefwechsel blieb, nach Königsberg zurückgekehrt war, erhielt er durch die tatkräftige Protektion Kants 1767 die Position eines secretaire-traducteur bei der Accise-Direktion. Sein sprunghaftes Denken und Leben aber hat vor Kant Halt gemacht, zumindest vor seiner Person, über den er 1783 an Herder schreibt: «Aber mein armer Kopf ist gegen Kants ein zerbrochener Topf – Ton gegen Eisen.» [30] Etwa zu dieser Zeit verfasste Hamann seine «Metakritik über den Purismus der reinen Vernunft», von der zwar Herder eine Abschrift erhielt, die er aber aus Rücksicht auf Kant nicht zu seinen Lebzeiten veröffentlichte (sie erschien erst 1800).

1785 verschlechterte sich das Verhältnis Herders zu Kant empfindlich durch dessen Rezension der «Ideen», worüber sich Herder bei Hamann beschwerte: «Es ist sonderbar, daß die Metaphysiker, wie Ihr Kant, auch in der Geschichte keine Geschichte wollen und sie mit dreister Stirn so gut als aus der Welt leugnen. Ich will aber Feuer und Holz zusammentragen, die historische Flamme recht groß zu machen, wenn es auch abermals, wie die Urkunde, der Scheiterhaufen meines philosophischen Gerüchts sein soll. Laß sie in ihrem kalten, leeren Eis-Himmel spekulieren!» [31] Hamann, zwischen Kant und Herder gestellt, zögerte aber nicht, seinem Landsmann Herder übergroße Empfindlichkeit in einem Brief (1786) ironisch vorzuwerfen: «Ei, ei! mein lieber Gevatter, Landsmann und Freund, daß Ihnen die Schläge Ihres alten Lehrers so weh tun, gefällt mir nicht recht. Dies gehört zum Autorspiel, und ohne diese veniam mutuam muß man sich gar nicht einlassen.»[32]

Hamann, der – als Vorläufer des Sturm und Drang durch seine Konzeption vom «ganzen» Menschen – in Kants Betonung der Vernunft eine Verkümmerung sehen musste, nicht zuletzt gegenüber dem Glauben, hat doch bis zu seinem Tod 1787 die menschliche Lauterkeit Kants anerkannt, auch gegenüber Friedrich Heinrich Jacobi: «Ich habe schon manchen harten Strauß mit ihm [Kant], und bisweilen offenbar Unrecht gehabt. Er ist darum immer mein Freund geblieben, und Sie werden ihn auch nicht zu Ihrem Feinde machen, wenn Sie der Wahrheit die Ehre geben, die Sie ihr schuldig sind und angelobt haben.»[33]

Johann Georg Hamann. Bleistiftzeichnung, ehemals im Besitz Johann Wolfgang von Goethes

Pünktlichkeit und Ordnung, die Kants Leben bestimmten, waren in noch stärkerem Maße Tugenden seines Freundes Green, wie sich an einem Ereignis zeigte, das beide Männer im Wettstreit ihrer guten Eigenschaften darstellt. Mit Joseph Green war eines Abends eine gemeinsame Ausfahrt verabredet worden, die am folgenden Morgen um 8 Uhr beginnen sollte. Kant hatte versprochen, Green aufzusuchen, dessen Wagen für die Spazierfahrt bereitstand. Die gewohnte Pünktlichkeit Greens zwang diesen, eine Viertelstunde vor der Abfahrt mit der Uhr in der Hand im Zimmer auf und ab zu gehen, um 7.50 Uhr den Hut aufzusetzen, fünf Minuten später seinen Stock in die Hand zu nehmen und mit dem ersten Glockenschlag der vollen Stunde den Wagen zu öffnen, der unmittelbar danach abfuhr. Kant, der sich unterwegs etwa zwei Minuten verspätet hatte und ihm entgegenkam, durfte nicht mehr einsteigen; Green fuhr unnachsichtig und ohne Gruß geradeausblickend an ihm vorbei.

Dieser wohl vertrauteste Freund des Philosophen trat auch nicht reibungslos in den Kreis der Tischgenossen, da ihre Bekanntschaft etwas heftig einsetzte. Zur Zeit des Siebenjährigen Krieges, der gleichzeitig ein Kampf Englands mit Frankreich um seine amerikanischen Kolonien war, machte Kant einen Spaziergang, auf dem er vor einer Laube stehen blieb, in der er einen Bekannten und eine Anzahl ihm unbekannter Männer antraf. Das Gespräch kam alsbald auf die politischen Zeitläufte, wobei Kant sich der Amerikaner annahm und ihre Sache mit Wärme – und entsprechender Schärfe gegen die Engländer – verfocht. Plötzlich trat ein Mann aus der Gesellschaft, erklärte sich als Brite beleidigt und forderte Genugtuung im blutigen Zweikampf. Kant zeigte sich durch diesen Zornesausbruch nicht im Mindesten berührt, sondern legte in ruhigem Ton seine politischen Grundsätze dar, so kühl und sachlich, dass sich der Engländer ihrer Konsequenz nicht entziehen konnte und dem Philosophen freundlich um Verzeihung bittend die Hand reichte. Diese kurze Feindschaft begründete ihre lange Freundschaft.

Kant hat behauptet, keinen Satz der *Kritik der reinen Vernunft* niedergeschrieben zu haben ohne Rücksprache mit Green und ohne dessen Überprüfung. Auch bei der finanziellen Disposition ist ihm Green – und wohl sachkundiger – behilflich gewesen. Nach dem Tod des Freundes veränderte sich Kants Leben: Er besuchte keine Abendgesellschaften mehr.

Theodor Gottlieb von Hippel hat in einem Einakter «Der Mann nach der Uhr» Green und seine penetrante Pünktlichkeit gemeint, aber auch an Kant gedacht. Die Komödie wurde 1765 in Königsberg erfolgreich aufgeführt und deutet an, wie zahlreich die Talente Hippels waren. 1741 geboren, studierte er in Königsberg Theologie, aber auch Philosophie beim Magister Kant, in dessen Freundeskreis er aufgenommen wurde. Doch sein Temperament war vehement, sein Leben kurz und wechselhaft. Nach der Theologie-Ausbildung absolvierte er 1764 ein juristisches Studium, trat vorher (1762) bereits in die Johannisloge «Zu den drei Kronen» ein und wurde ihr begabtester Redner. In Königsberg war er zunächst am Stadtgericht als Advokat tätig, wurde 1771 Notar und 1781, im Erscheinungsjahr der *Kritik der reinen Vernunft*, Stadtoberhaupt und Polizeipräsident. Er hat sich nicht nur besonders gegen die Bestechlichkeit gewandt, sondern auch für Hamann verwandt, gemeinsam mit seinem Freund und Lehrer Kant. Die Beziehungen waren wechselhaft, aber mit Unterbrechungen (der Reisen Hamanns) auch äußerst lebhaft. Hippel, gewandt, ja wendig, hatte Kants Gedanken schnell erfasst und in seinen eigenen (anonymen) Schriften verarbeitet, sodass sie für Arbeiten Kants – ähnlich wie später die Religionsschrift Fichtes – gehalten wurden. Hamann hat stets darüber gestaunt, dass Hippel trotz seiner administrativen Arbeit Zeit zum Schreiben fand; gern hätte er die Autorschaft Hippels angezweifelt.

Die lange Freundschaft, die Kant dem Kaufmann Green bewahrte, war nicht nur Ausdruck einer seelischen Haltung, die ihn menschlichen Anschluss suchen ließ, sondern auch ein Zeichen dafür, dass der Philosoph Menschen und Dingen, denen er sich einmal zugewandt hatte, mit Nachdruck und Ausdauer anhing. Um in seiner geistigen Arbeit nicht gestört zu werden, liebte er es, seinen Lebenskreis so fest zu bestimmen, dass nichts ihn irritieren konnte. Voraussetzung dafür aber war, dass Menschen und Dinge um ihn herum stetig blieben; jede Veränderung löste ein Missvergnügen bei ihm aus. Eine besondere Gewohnheit bestand darin, dass er am Spätnachmittag bei der Lektüre, wenn langsam die Dämmerung hereinbrach, aus seinem Fenster zu blicken pflegte,

Theodor Gottlieb von Hippel. Zeitgenössischer Kupferstich

auf den Löbenicht'schen Kirchturm, ein Objekt, an das er sich so sehr gewöhnt hatte, dass sein Auge auf ihm ausruhen konnte. Nichts verursachte ihm deshalb größeres Unbehagen, als dass einige Pappeln seines Nachbarn Friedrich Nicolovius, seines späteren Verlegers, so hoch wuchsen, dass sie den Turm verdeckten, dessen Anblick ihm ein ruhiges Nachdenken ermöglicht hatte. Wie gut, dass sein Nachbar so willfährig war, seinem Wunsche nachzukommen. Die Pappeln wurden gekappt – die Aussicht für seine Gedanken war wieder frei.

Sein Bestreben, der Umwelt und ihren Ordnungsforderungen zu genügen, sei es im Beharren auf einer Sitte, sei es, umgekehrt, im Tribut an die Mode, erklärt sich aus dem Motiv, seinen Mitmenschen nicht Anlass zum Ärgernis zu geben und sich selbst nicht durch extravagante Neigungen aus der Bahn der gleichmäßig ruhigen Arbeit zu bringen. So befolgte er den Grundsatz: *Man muß lieber ein Narr in der Mode, als außer der Mode sein.*[34] Die Haltung, Narr außer der Mode zu sein, war Kant, dem auch der leiseste Zug zum Dandy fehlte, schlechthin unmöglich, doch verschloss er sich nicht ganz den Forderungen der Mode. Nur seinen Hut, den er zwanzig Jahre trug und dessen dreieckige Form es ihm vorzüglich erlaubte, ihn als Sonnenschirm beim Schreiben zu benutzen, entzog er den Schwankungen des modischen Wechsels. Ganz dem friderizianischen Zeitalter verhaftet aber war seine kleine, weiß gepuderte blonde Perücke nebst Haarbeutel. Gewöhnlich trug er eine schwarze Halsbinde, ein Oberhemd mit Manschetten und einen Rock aus brauner, schwarzer oder auch gelb melierter Seide; aus demselben Material waren Beinkleider und Weste gefertigt. Die Farbe seiner Strümpfe war nie schwarz, meistens grau, und an den Füßen trug er Schuhe mit silbernen Schnallen. Als der Degen unmodern wurde, ersetzte er ihn durch einen Rohrstock. Die Farbe seiner Kleidung abzustimmen, nahm er sich die Blumen zum Vorbild, sodass ihm zu seinem braunen Rock nur eine gelbe Weste angebracht erschien. Im

---

Vor mehr als 40 Jahren schon hatte K. es sich selbst und, bei Gelegenheit uns, seinen Zuhörern, eingeprägt, der Mensch müsse in der Kleidungsart nie ganz aus der Mode sein wollen; es sei, setzte er hinzu, durchaus Pflicht, keinem in der Welt einen widerlichen oder auch nur auffallenden Anblick zu machen. Er nannte das schon damals seine Maxime, die genau zu beobachten wäre, daß man unter andern in der Wahl der Farben zu Kleid und Weste sich genau nach der Mode richten müsse. Die Natur, sagte er, bringt nichts hervor, das dem Auge nicht wohltut; die Farben, die sie aneinander reiht, passen sich auch immer gut zusammen. Es gehöre z. B. zu einem braunem Oberkleide eine gelbe Weste; dieses wiesen uns die Aurikeln. K. kleidete sich immer anständig und gewählt. Späterhin liebte er besonders melierte Farben. Eine Zeitlang sah man ihn in Kleidern, deren Saum mit einem goldenen Schnürchen umfaßt war. Den Degen hielt er sich anständig, solange ihn Geschäftmänner trugen; legte ihn aber, da diese Sitte aufhörte, sehr gerne als ein lästiges und sehr entbehrliches Anhängsel ab. Seinen Hut allein, soweit ich gemerkt habe, unterwarf er nie dem Gesetze der Mode. Dieser blieb bei allen Wandlungen gleich. Einer von diesen war seit länger als 20 Jahren von ihm gebraucht. Die eine niedergeschlagene Krempe desselben diente ihm zugleich beim Lesen und Schreiben statt eines Augenschirms. Gerade dieser ward bei einer Versteigerung des Nachlasses mit einer sehr beträchtlichen Summe Geldes bezahlt.

Ludwig Ernst Borowski

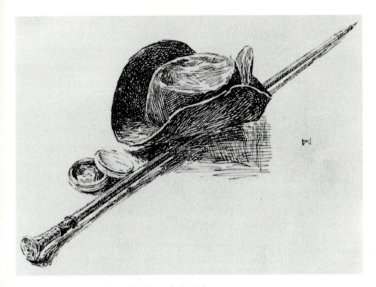

Kants Hut, Stock und Schnupftabakdose.
Zeichnung von Heinrich Wolff

Hörsaal trug er bessere, aber schon abgenutzte Kleidung; in gesellschaftlichem Umgang kleidete er sich ausgesucht sorgfältig, um vor sich selbst gepflegt zu erscheinen, aber auch um den Gastgeber zu ehren.

Ein lebendiges Beispiel seiner Anhänglichkeit an die Umwelt war Martin Lampe, aus Würzburg gebürtig, verabschiedeter Soldat aus preußischen Diensten und sein Diener über vierzig Jahre. Kant hatte eine auf Gewohnheit basierende Neigung zu ihm gefasst, war an ihn als einen nützlichen Helfer im Haushalt geradezu gefesselt, besonders im Alter, und daher ihm gegenüber von finanzieller Großzügigkeit, die sich später, als Lampe älter geworden war, nachteilig auswirkte, weil sich der Diener dem Trunk ergab. Kant spürte nach einiger Zeit, dass es ihm, der nun verlässliche Hilfe brauchte, nicht länger möglich war, sich auf Lampe zu stützen, weshalb er sich langsam mit dem Gedanken vertraut machte, den anhänglichen, aber nicht mehr ganz redlichen Diener zu entlassen.

Wasianski, dem Kant die Führung seines Haushalts übergeben hatte, stellte einen neuen Diener ein, der Lampe ablöste, doch war Kant so sehr an seinen alten Diener gewöhnt, dass er sich lange nicht mit seinem neuen Umgang vertraut machen konnte. Zu den Gewohnheiten Kants, die besonders in sein Alter fallen, gehörte es nun, dass er stets ein Büchlein mit sich herumführte, in das er wichtige Notizen eintrug. In dieses Büchlein schrieb Kant nach der Entlassung des Dieners: *Der Name Lampe muß nun völlig vergessen werden.*[35] Das ist der Salto mortale, den sein Ordnungsprinzip hier bis ins Absurde vollführt und dessen er sich selbst nicht mehr bewusst war. Sich an das zu erinnern, was vergessen werden muss: Einer solchen Aporie wäre der Philosoph, der das Problem der sich selbst widersprechenden vernünftigen Logik in der *Kritik der reinen Vernunft* löste, sicherlich nicht verfallen, hätten ihm noch die Kräfte jener Zeit zur Verfügung gestanden.

Keine Alterserscheinung, sondern naiv experimentierende Logik war seine Gewohnheit, im Schlafzimmer nie die Fenster zu öffnen. Er hatte, von einer kleinen Reise zurückgekehrt, Wanzen in seinem Zimmer vorgefunden und erfahren, die Fenster und Klappläden seien geöffnet gewesen. Stets war es daher seine Überzeugung, das Licht begünstige die Vermehrung des Ungeziefers.

Ordnungssinn und Gewohnheit waren auch die Ursache, die ihn davon abhielten, Königsberg zu verlassen und mit dem Auge jene Gegenden und Städte aufzusuchen, die seine Phantasie in den Vorlesungen über physische Geographie oftmals besuchte und so überzeugend vergegenwärtigte. Die weiteste Reise, die er je unternahm, führte ihn in den Herbstferien 1765 auf das Gut Goldap des Generals von Lossow, ein Anwesen, das nur wenige Meilen von der russischen Grenze entfernt lag. Oft und für die längste Zeit einer Reise – etwa eine Woche – besuchte er jedoch das Forsthaus Moditten, nur eine Meile vor Königsberg, wo sein

---

> K. ist nie aus der Provinz, nicht einmal bis nach dem nahe gelegenen Danzig gekommen. Die weiteste seiner Reisen war zum General Lossow, der ihn auf sein Gut eingeladen hatte; er sehnte sich bald wieder zurück. Auf einem adligen Gute, Wohnsdorf, verlebte er einige ihm angenehme Tage. Mit seinem Freunde Green besuchte er etlichemal die sogenannte Störbude und die angenehmen Gegenden um Pillau. Am öftersten und längsten hielt er sich in dem Forsthause Moditten, eine Meile von Königsberg auf.
>
> **Ludwig Ernst Borowski**

Kants Sommerhaus in Moditten während Umbaumaßnahmen, im Hintergrund links das Forsthaus. Foto vom Juni 2003

Wirt, der Oberförster Wobser, ihm einen Aufenthalt bereitete, den er als wirkliche Erholung von seinen Pflichten empfand. Hier fand er sich der Natur – auch der der Menschen – so unmittelbar und ungekünstelt gegenüber, dass er sich in seiner frühen ästhetischen Schrift *Über das Schöne und Erhabene* (1764) an der Gestalt des Oberförsters orientierte.

Für Kant war eine Reise nur ein unwillkommenes Unterfangen, das ihn in der Ruhe seiner Gewohnheiten aufstörte. Nie, solange sein Leben in den ruhigen Bahnen von Ordnung und Gewohnheit, den Voraussetzungen für seine geistige Arbeit, verlief, hat er das Verlangen geäußert, Königsberg oder gar Deutschland zu verlassen. Erst in dem Augenblick, als seine Gewohnheit durch Krankheit bedroht war, als er hoffte, sich durch Reisen neue Kräfte für seine Gesundheit zu schaffen, da erst hat er daran gedacht, Königsberg den Rücken zu kehren. Aber der Zeitpunkt, an dem er Wasianski seine Absicht vortrug, fiel in den Sommer 1803, ein Jahr vor seinem Tod, als er physisch keineswegs mehr derartigen Anforderungen gewachsen war und diesen Entschluss nur gefasst hatte, um von den Blähungen in seinem Magen befreit zu werden. Nur aus diesem Grund wollte Kant Königsberg verlassen; in seinem langen Leben hat er nie – abgesehen von den Berufungen – an eine Ortsveränderung gedacht.

Die Sesshaftigkeit, die Kant bewog, sein ganzes Leben in Königsberg und seiner näheren Umgebung freiwillig zu verbringen, fußte auf seinem Bestreben, alles, was er tat, einer Ordnung zu unterwerfen und diese zu erhalten. Umstände, die ungewohnt waren und sich seiner Aufmerksamkeit aufdrängten, waren für den Philosophen Anlässe, sie aus seiner Nähe zu entfernen oder vor ihnen, wenn sie nicht weichen wollten, zu fliehen.

Zu Beginn seiner Lehrtätigkeit, als Privatdozent, lebte und lehrte Kant im Haus des Professors Kypke in der Neustadt. Später logierte er in der Magistergasse nahe dem Pregel, wo zu jener Zeit viele Universitätslehrer Wohnung genommen hatten. Von hier vertrieb ihn der Lärm der polnischen Schiffe, die auf dem Pregel verkehrten, sodass er in das Haus des Lotteriedirektors und Buchhändlers Johann Jakob Kanter zog. Kanter, der durch eine Erfindung in der Papierfabrikation berühmt wurde, ließ den Gelehrten für seinen Buchladen von Becker malen, gemeinsam mit den damals anerkannten Persönlichkeiten des öffentlichen Lebens: Moses Mendelssohn, Karl Friedrich Rammler, Hippel, Johann Gottlieb Willamov, Scheffner. Schon in dem väterlichen Haus Kanters, das in der Altstädtischen Langgasse stand, wohnte Kant, aber auch, nach der Vollendung des Löbenicht'schen Rathauses und der Heirat Kanters, im neuen Wohnsitz des Buchhändlers, in der Krummen Grube, wo er die linke Mansarde im zweiten Stock bewohnte. Dieses Haus, das später die Hartung'sche Zeitung aufnahm und in dem Kant mit Lektüre reichlich versehen war, aber auch mit einem geistigen Treffpunkt der Stadt in Berührung kam, verließ er wegen eines Hahns, der seine Arbeitsruhe störte. Kant zog deshalb zum Ochsenmarkt, dem späteren Lindenmarkt, von dort in die Nähe des Holztores, bis er einen eigenen Hausstand gründen konnte.

Als Magister, und bevor er ein eigenes Haus besaß, besuchte er auch gern ein Kaffeehaus, etwa nach der Vorlesung, um Tee zu trinken und Billard zu spielen. Die Mittagsmahlzeit nahm er ebenfalls außerhalb seiner Wohnung ein, in einem Gasthaus, etwa «Bey Zor-

Immanuel Kant. Gemälde von Johann Gottlieb Becker,
2. Fassung, 1768

nicht», in dem vor allem hohe Militärs, aber auch Kaufleute aßen, die bisweilen seinetwegen kamen, zugleich jedoch eine gute Küche fanden, da das Unternehmen zu den ersten in Königsberg zählte. Im Gasthaus brachte Kant auch manchen Abend zu, in Unterhaltung oder mit dem von ihm sehr geliebten L'Hombre-Spiel.

Bisweilen ging er ins Theater, sodass er erst nach Mitternacht seine Wohnung aufsuchte, doch morgens stets um fünf aufstand.

Erst im Alter von 63 Jahren war Kant in der Lage, sich ein eigenes Haus einzurichten. Auch hier, am Schlossgraben, in der Prinzessinstraße, einer engen Gasse, war es nicht möglich, dass Kant eine Umgebung vorfand, die ganz auf ihn und seine Ruhe eingestellt war. Nicht weit von seiner Wohnung entfernt lag das Stadtgefängnis, dessen Insassen zum Absingen geistlicher Lieder angehalten wurden, von denen man sich ihre Besserung erwartete. Bei offenen Fenstern und schreiend wurde diese Vorschrift erfüllt, so monoton, laut und eindringlich, dass des Philosophen Ruhe dadurch empfindlich gestört wurde. Diese Störung wurde von ihm als *Unfug* oder *geistlicher Ausbruch der Langeweile* [36] bezeichnet und war für ihn Anlass genug, nachdrücklich bei seinem Freund Hippel, dem Ersten Bürgermeister der Stadt, der zugleich Polizeidirektor und Aufseher des Gefängnisses war, vorstellig zu werden und um Änderung nachzusuchen, die auch gewährt wurde: *Königsberg, den 9. Juli 1784. Ew. Wohlgeboren waren so gütig, der Beschwerde der Anwohner am Schloßgraben, wegen der stentorischen Andacht der Heuchler im Gefängnisse, abhelfen zu wollen. Ich denke nicht, daß sie zu klagen Ursache haben würden, als ob ihr Seelenheil Gefahr liefe, wenngleich ihre Stimme beim Singen dahin gemäßigt würde, daß sie sich selbst bei zugemachten Fenstern hören könnten (ohne auch selbst alsdann aus allen Kräften zu schreien). Das Zeugniß des Schützen, um welches es ihnen wohl eigentlich zu thun scheint, als ob sie sehr gottesfürchtige Leute wären, können sie dessenungeachtet doch bekommen; denn der wird sie schon hören, und im Grunde werden sie nur zu dem Tone herabgestimmt, mit dem sich die frommen Bürger unserer guten Stadt in ihren Häusern erweckt genug fühlen. Ein Wort an den Schützen, wenn Sie denselben zu sich rufen zu lassen und ihm Obiges zur beständigen Regel zu machen belieben wollen, wird diesem Unwesen auf immer abhelfen, und denjenigen einer Unannehmlichkeit überheben, dessen Ruhestand Sie mehrmalen zu befördern bemüht gewesen und der jederzeit mit der vollkommensten Hochachtung ist Ew. Wohlgeboren gehorsamster Diener I. Kant.* [37] Aber es gab auch andere Ursachen, die seine Arbeitsruhe störten, zum Beispiel Tanzmusik aus der näheren Nachbarschaft, die dazu beitrug, dass er die Musik überhaupt als eine zudringliche Kunst betrachtete und ihr *unter den schönen Künsten den untersten Platz* [38]

Das Kant-Denkmal in Königsberg. Bronzestatue nach einem Entwurf von Christian Daniel Rauch von 1858, um 1864 aufgestellt, 1884 versetzt. Rechts im Hintergrund Kants Wohnhaus in der Prinzessinstraße, in der Mitte die Altstädtische Kirche von Karl Friedrich Schinkel, links das Postgebäude. Foto um 1880

auch in systematischer Begründung – in der *Kritik der Urteilskraft* – zuwies.

Das Haus, das Kant siebzehn Jahre vor seinem Tod erwarb, lag in der Nähe des Schlosses, doch in einer kleinen Nebenstraße, durch die selten Wagen fuhren. Die gesamte Kaufsumme, 5500 Gulden, bezahlte er von seinen Ersparnissen. Das Haus war nach seinen Bedürfnissen ausgewählt und seiner Bequemlichkeit angepasst, auch entsprechend eingerichtet. Im Ganzen bestand es aus acht Zimmern, zu denen im unteren Stockwerk auf der einen Seite sein Hörsaal zählte, in dem er, und nicht in der Universität, seine Vorlesungen hielt, eine Gewohnheit, die ihn nicht von allen anderen damaligen Professoren unterschied. Die andere Seite des unteren Stockwerks bewohnte seine alte Köchin. Das obere Stockwerk nahm auf der einen Seite seinen Esssaal, seine Bibliothek und sein Schlafzimmer auf; die übrigen Räume auf der anderen Seite waren sein Visiten- und sein Studierzimmer. Der Bediente bewohnte die Dachstube. Kants Studierzimmer lag nach Osten mit freier Aussicht auf mehrere Gartenanlagen, doch war er daran gehindert, die Fenster im Sommer offen zu lassen, da er von dem bereits erwähnten «Chor der Gefangenen» gestört wurde.

Auffallend war die Art, wie Kant sein Haus bewohnte. Nicht mehr, als was zum unmittelbaren Lebensvollzug notwendig war, fand sich in seinen Zimmern, wozu nicht einmal Tapeten gehörten. Die Wände seiner Räume waren weiß und kahl, so sein Visitenzimmer und auch das Esszimmer, in denen nichts als ein Spiegel hing. An Möbeln beherbergte seine Wohnung einige Tische, einige Stühle und ein kleines Kanapee – kaum mehr. Den Raum, den er zum Studierzimmer erwählt hatte, hielt er ebenso einfach möbliert; außer seinem Schreibtisch standen darin eine Kommode und zwei weitere Tische, auf welchen Bücher und Schriften abgelegt waren. Als einziger Schmuck zierte die kahle, von Tabakrauch ergraute Wand ein Bildnis von Jean-Jacques Rousseau, des Mannes, der es durch sein Werk einmal im Leben des Philosophen erreicht hatte, ihn in seiner Ordnung zu stören. Dieses Bild Rousseaus war das einzige Bild überhaupt im Haus, denn Kant hatte keinerlei Kunstgegenstände angeschafft, nicht einmal diesen Kupferstich, der ein Geschenk seines Freundes Ruffmann war.

Wie Kant durch die Art, in der er sein Haus einrichtete, kaum als sein Bewohner in dem Sinne angesprochen werden kann, dass er von seinem Eigentum Besitz ergriff und es sich als persönlich gestaltete Umwelt anverwandelte, so hatte er auch zu seiner noch näheren, nämlich geistigen Umwelt kein unmittelbar persön-

Kants Haus: Ansicht von der Prinzessinstraße

Kants Haus: die Gartenseite

liches Verhältnis, da er keine eigene Bibliothek besaß. Die wenigen hundert Bände, die in seinem Haus aufbewahrt wurden, waren vor allem Werke, die ihm von ihren Verfassern verehrend zugesandt waren, oder auch Geschenke von seinen Freunden. Zudem waren diese Bücher nicht in dem Maße sein persönliches Eigentum geworden, dass es ihm schwer fiel, sie weiterzuverschenken. So gab er 1787 Jung-Stillings «Blicke in die Geheimnisse der Natur», die ihm und Herder gewidmet waren, an Hamann weiter, der über das Geschenk an Hartknoch, den Verleger, schrieb: «Kant schenkte mir sein Exemplar, das ich eben so wenig habe ausstehen und lesen können, so sehr ich mich über dieses Geschenk gefreut habe.» [39]

> Kants eigene Bibliothek war nicht bedeutend und enthielt sehr wenige neuere Werke, diejenigen ausgenommen, welche ihm von ihren Verfassern waren zugesandt worden, die er aber auch größtenteils an seine Freunde wieder verschenkte.
>
> Reinhold Bernhard Jachmann

Da Kant einst selbst an der Bibliothek beschäftigt gewesen war, konnte er sich all jene Bücher, die er für seine Studien benötigte, leicht beschaffen; auch über Neuerscheinungen war er genau unterrichtet durch den Buchhändler Nicolovius, einen ehemaligen Schüler, der nicht nur später einen Teil seiner Werke verlegte, sondern dem Philosophen zugleich den Messekatalog nach Erscheinen zugehen ließ, nach dem er Bücher bestellte und aus dem Laden übermittelt erhielt.

Kants Maxime, zu scheinen, was man ist, und nicht mehr, äußerte sich in vielen Lebensgewohnheiten, sogar im Gebrauch seiner Sprache, sodass er sich nicht scheute, auf alle rhetorischen Mittel zu verzichten. Für ihn war die Sprache – im Gegensatz zu Herder – nur Mittel zum Ausdruck des Gedankens. Leicht und sorglos war deshalb sein Umgang mit der Sprache, so unbekümmert, dass selbst Provinzialismen von ihm überliefert sind, derer er sich ohne Scheu bediente. Sogar in fehlerhafter Aussprache, wie sie in der Provinz ausgebildet und gepflegt wird, führte er im Kreis seiner Freunde und Bekannten die Unterhaltung. Konservativ dagegen mutet die Beharrlichkeit an, mit der er der Orthographie seiner Jugend die Treue hielt und ablehnte, modernere, ihm unnütz erscheinende Veränderungen zu übernehmen.

Immanuel Kant. Sepiazeichnung von
Friedrich Wilhelm Senewaldt, 1786

Betrachtet man den Charakter Kants im Überblick, so ist nicht zu übersehen, dass neben seiner philosophischen Begabung nur wenige Talente vorhanden waren oder sich entwickelten. Musik und bildende Kunst blieben ihm fast völlig verschlossen. Die Dichtung benutzte er nur als Zitatenschatz, als Mittel seiner Philosophie. Der bisweilen unruhigen Verwandtschaft entzog er sich und schenkte seine Neigung den klugen, ruhigen Freunden, die seinem

Das Kant-Denkmal vor der Kaliningrader Universität. Kopie von Harald Haacke, 1992, nach der 1945 verschollenen Skulptur von Christian Daniel Rauch, gestiftet von Marion Gräfin Dönhoff

Denken dienten; bei ihnen fand er Erholung. Dieses Denken erforderte den ganzen Einsatz des von der Natur schwach ausgebildeten Körpers. Die Gedankenarbeit war die geheime Wurzel, aus der dieses Leben Kraft und Ziel schöpfte. Hinter Ordnung, Schrullen und körperlicher Schwäche vollzog sich, fast unbemerkt von seiner unmittelbaren Umgebung, die Entwicklung eines Geistes, dessen Werk scheinbar im Widerspruch zu der Enge seines Lebens steht. Mancher seiner Gedanken wurde von ihm selbst gelebt, soweit es im zeitgenössischen Königsberg möglich war, mancher wurde von ihm übernommen, soweit der zeitgenössische Geist ihm die Mittel zutrug. Was aber dem kleinen, schwächlichen Mann in Königsberg, einem Provinzort des geistigen Deutschland, die Kraft gab, das größte und eindrucksvollste denkerische Werk eines deutschen Philosophen, wenn nicht der Philosophie überhaupt, zu erschaffen, wird immer das Geheimnis seiner Persönlichkeit bleiben.

Kants Werk

Die vorkritischen Schriften

Will man den Abstand ermessen, den die kantische Philosophie von ihren Vorgängern trennt, so muss man Kants Weg der Emanzipation verfolgen. Lange, wie könnte es anders sein, blieb er mehr oder weniger den Denkgebäuden verhaftet, die er vorfand, bewohnte sie, wenn auch nur als Mieter auf Zeit, um sich dann später, wie es seine langsame Entwicklung vorschrieb, ein eigenes Gebäude zu errichten. Seine ersten Schriften zeigen ihn in der Auseinandersetzung mit den wichtigsten naturwissenschaftlichen und philosophischen Theorien seiner Zeit, deren Problematik von ihm mehr und mehr klar erfasst wurde und auch bereits eine kantische Fortführung erfuhr, je weiter er sich der Wahrheit seines eigenen Denkens näherte.

Seine erste Schrift erschien 1747 – Kant war 23 Jahre alt – und trug den Titel *Gedanken von der wahren Schätzung der lebendigen Kräfte und Beurteilung der Beweise, deren sich Herr von Leibniz und andere Mechaniker in dieser Streitsache bedient haben; nebst einigen vorhergehenden Betrachtungen, welche die Kräfte der Körper überhaupt betreffen.* Der junge Studiosus wagte es, sich in eine Diskussion einzuschalten, die die größten Metaphysiker der Neuzeit, Descartes und Leibniz, entzweit hatte. Es ging um die Frage, wie die Kraft zu berechnen sei, ob sie nach der einfachen Geschwindigkeit geschätzt werden müsse – so Descartes – oder nach dem Quadrat der Geschwindigkeit – so Leibniz (mv oder mv^2). Kant bot einen Vermittlungsvorschlag an: die These, dass die tote Kraft sich nach der Theorie von Leibniz, die lebendige nach Descartes' Ansicht bewege. (Dabei blieb von ihm unbeachtet die schon 1743 von d'Alembert veröffentlichte Schrift «Traité de dynamique», die mit der Formel $\frac{mv^2}{2}$ bereits die richtige Lösung gefunden hatte.) Feststeht, dass sich der junge Kant mit der Aufgabe übernommen hat, und nicht nur Lessing hat – wie oben erwähnt – in ihr Zeichen der Unreife gesehen; auch andere Zeitgenossen werteten sie vor allem als Ausdruck des Übermuts und Muts sowie der mangelnden Ach-

Die vorkritischen Schriften

tung gegenüber den größten philosophischen Autoritäten der Zeit. Bereits hier kündigt sich seine Unabhängigkeit des Denkens an, für die keine Autorität verbindlich ist außer der Wahrheit, mag der junge Kant die Wahrheit auch noch in einer ungesicherten These sehen. Wahr im Sinne von wahrhaftig ist für ihn vor allem die Bereitschaft, sich nur dem Zwang zu unterwerfen, der durch den Zweifel gesichert ist: *Nunmehr kann man es kühnelich wagen, das Urteil der Newtons und Leibnize für nichts zu achten, wenn es sich der Entdeckung der Wahrheit gegenüberstellt, und keinen anderen Überredungen als dem Zuge des Verstandes zu gehorchen.*[40]

Den Drang, nur der Wahrheit zu folgen, setzte er sich bereits hier für seinen ganzen späteren Lebensweg als wissenschaftliche Maxime: *Ich habe mir die Bahn vorgezeichnet, die ich halten will; ich werde meinen Lauf antreten und nichts soll mich behindern, ihn fortzusetzen.*[41] Die Bahn, die Kant hier einzuschlagen beschloss, war die Überzeugung, sich stets der Kraft der menschlichen Vernunft an-

Gottfried Wilhelm Leibniz. Anonymes zeitgenössisches Gemälde

| Die vorkritischen Schriften

zuvertrauen, die jeder in sich selbst finde kann: *Ich stehe in der Einbildung, es sei zuweilen nicht unnütze, ein gewisses edles Vertrauen in seine eigenen Kräfte zu setzen. Eine Zuversicht von der Art belebt alle unsere Bemühungen und erteilt ihnen einen gewissen Schwung, der der Untersuchung der Wahrheit sehr beförderlich ist.*[42]

Diese erste Schrift war erschienen, als Kant die Universität und Königsberg verließ, um Hauslehrer zu werden. Neun Jahre später publizierte er sein nächstes größeres Werk, das ebenfalls den Naturwissenschaften stark verpflichtet ist: *Allgemeine Naturgeschichte und Theorie des Himmels oder Versuch von der Verfassung und dem mechanischen Ursprunge des ganzen Weltgebäudes, nach Newtonschen Grundsätzen abgehandelt.*

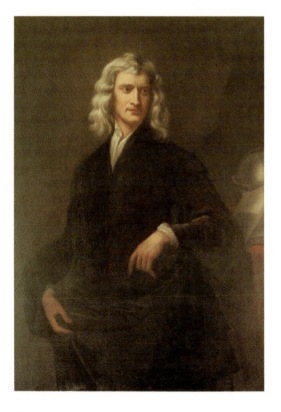

Isaac Newton.
Anonymes
zeitgenössisches
Gemälde

Die vorkritischen Schriften

Diese Schrift zeigt ihn vor allem als wissenschaftlichen Denker, der eine naturwissenschaftliche Theorie aufstellt, die bis heute noch ihre nicht erschütterte Geltung besitzt und für die moderne Entwicklung der Kosmogonie von größter Bedeutung wurde. In der neuzeitlich-naturwissenschaftlichen Tradition, den Kosmos zu entmythologisieren und auf eine verstandesmäßig erfassbare Gesetzlichkeit zurückzuführen, steht Kant am Ende der langen, mühsamen Entwicklung. Kopernikus hatte den göttlichen Wohnsitz, den Himmel, in eine Anzahl kreisender Kugeln aufgelöst, von denen eine die Erde war, überließ aber noch die Bewegung dieser Kugeln einer göttlichen Allmacht, bis Galilei und Kepler diese Bewegungen auf mathematische Gesetze zurückführten. Newton hatte aus diesen Erkenntnissen die Folgerung gezogen, dass das scheinbare Chaos des Kosmos sich vernünftigen Gesetzen füge, deren Regelmäßigkeit eine mögliche Willkür ausschließe, sodass ein christlicher Gott ohne Einfluss auf den Kosmos bleiben müsse, nachdem dieser allein seiner immanenten Ordnung folge. Nur eine Grenze hatte auch Newton noch nicht in die rein verstandesmäßige Erfassbarkeit des Kosmos einbezogen, indem er die Frage offen ließ, woher die Gesetzmäßigkeit des Weltalls stamme und wer als ihr möglicher Schöpfer angesehen werden könne. Fast ein Jahrhundert nach Newton war es nun Kant, der den *mechanischen Ursprung des ganzen Weltgebäudes* nachzuweisen suchte.

In dieser Schrift wird erfolgreich der Versuch gemacht, auf jeden religiösen Mythos zu verzichten, um die «Weltschöpfung» im gedanklichen Nachvollzug zu verstehen und aus Vernunftgründen zu erklären. War für Newton noch die Frage gewesen, wie sich das Chaos zum Kosmos formieren konnte, so begnügte sich Kant mit der Existenz des Chaos, um sodann nachzuweisen, dass das Chaos, wenn es denn im Weltall existiert, allein in der Lage sei, den Kosmos und damit Gesetzmäßigkeit zu schaffen: *Gebt mir Materie, ich will eine Welt daraus bauen!* [43]

Das Geheimnis der Weltentstehung wird von Kant gedeutet als ein mechanischer Vorgang, der notwendig ausgelöst werden musste, als die einfachen, zu dieser Entstehung notwendigen Bedingungen gegeben waren. Vorausgesetzt für diesen Anfang wird nichts als der unendliche Weltraum, von Kant auch als *hohle Tiefe des Himmels* [44] bezeichnet, der angefüllt ist mit atomarer Materie

Die vorkritischen Schriften

von unterschiedlicher Dichte, doch ohne Ordnung. In dieser Materie und in diesem unendlichen Raum wirksam sind lediglich zwei mechanische Kräfte, die der Anziehung – Attraktion – und die der Abstoßung – Repulsion. Die Kraft der Anziehung lässt Atome kleinerer Dichte in den Bannkreis der Atome von größerer Dichte geraten; es bilden sich Kerne fester Materie, bestehend aus größeren Atomen mit angesaugten kleineren, wobei jedoch die Gegenkraft, die Repulsion, in der Weise wirksam wird, dass einzelne Atome aus dem Bannkreis des Kerns wegstreben und dadurch eine kreisförmige Wirbelbewegung entsteht, die sich um den festen Kern vollzieht. Neue Atome kommen hinzu, andere werden fortgerissen, der Kern wächst und zugleich seine Bewegung, bis sich eine gewaltige Masse gebildet hat, die von einer ungeheuren Wirbelbewegung erfasst wird und sich schließlich durch die Reibungshitze in einen Feuerball verwandelt, dessen Flammen das Chaos erleuchten und in seine Nacht ihr Licht ausschicken; die erste Sonne ist «geboren».

Auch jetzt noch kennt die Materie-Masse keine Ruhe, immer neue Atome werden von ihr angezogen, aber am äußeren Rand der Feuerkugel wird nun auch die Repulsion wirksam, die Teile der Kugel lockert und schließlich in der Richtung zur Tangente der Sonne mit gewaltiger Schwungkraft hinausschleudert; diese Masse entfernt sich in rotierender Bewegung von der Sonne und mit eigener Kreisbewegung in den Kosmos, nun als eigener, kleinerer Feuerball um die Sonne ziehend: der erste Planet. Auch dieser Planet (als verkleinerte Sonnenkugel) besitzt die Kraft, neue Atommassen während seiner eigenen Bewegung aus sich fortzuschleudern und in Bahnen um sich herum kreisen zu lassen, wodurch Trabanten und Monde entstehen.

Auf diese Weise bildet sich ein ganzes Sonnensystem – mit Planeten, Monden und Trabanten allein durch eine Gesetzmäßigkeit, die der Materie immanent ist, rein aus mechanischen Regeln, die den Glauben an eine göttliche Weltschöpfung umbiegen in eine radikal mechanische Kosmogonie, mit der sich der Gott identifizieren kann und muss, will er nicht ganz aus dem Bereich der Welt verdrängt werden: *Es ist ein Gott eben deswegen, weil die Natur auch selbst im Chaos nicht anders als regelmäßig und ordentlich verfahren kann.*[45] Hier wird der Einfluss von Leibniz wirksam, dem

Die vorkritischen Schriften

Kant noch erliegt, wenn er die Ordnung der Welt – fast jenseits ihrerselbst – in einem göttlichen Zielpunkt verankert, dessen Einwirkung bei Leibniz höchst kunstvoll-künstlich – durch die prästabilierte Harmonie –, bei Kant aber nur noch dem Namen nach geschieht, da der Kosmos in seiner Autonomie keiner devinen Explikation bedarf.

Aber Kants kühl-kühne Phantasie macht nicht Halt bei dem einzelnen Sonnensystem, dem die Erde angehört. Er stellt die Frage nach dem Ursprung des Universums, das in ungeheuren Abständen viele, unzählbare Sonnensysteme beherbergt, die sich um eine Zentralsonne gruppieren wie die Planeten um eine kleine Sonne. Die ganze «Schöpfung» wird einer rein naturwissenschaftlichen Ordnung unterworfen, so unbedingt, dass die Mechanik nicht nur für ihre Entstehung, sondern auch für ihren Untergang verantwortlich ist. Aber auch Kants Gedanken erlahmen, wenn er durch das Universum von Welt zu Welt eilt, bisweilen die Phantasie des Forschers mit der des Dichters vertauschend, mit der seines Lieblingsdichters Albrecht von Haller:

Unendlichkeit, wer misset Dich?
vor Dir sind Welten Tag und Menschen Augenblicke;
vielleicht die tausendste der Sonnen wälzt sich jetzt,
und tausend bleiben noch zurücke.[46]

Mit dem kosmologischen Problem verbunden ist das anthropologische, die Frage, welche Stellung und Bestimmung dem Menschen aufgegeben ist in den ihn umgebenden Dimensionen. Im Vergleich zu den Maßen, mit denen im Kosmos gemessen wird, kann dem Menschen keine zentrale Stellung zugesprochen werden. Wesen und Bedeutung des Menschen sind an den Ort seiner Bestimmung, die Erde, gebunden, sodass Kant auf die Frage, ob sich die Erde im noch jugendlichen oder bereits im absterbenden Alter befindet, mit einer besonderen Schrift (auf eine Preisfrage der Königlichen Akademie der Wissenschaften zu Berlin) antwortet: *Untersuchung der Frage, ob die Erde in ihrer Umdrehung um die Achse, wodurch sie die Abwechslung des Tages und der Nacht hervorbringt, einige Veränderungen seit den ersten Zeiten ihres Ursprungs erlitten habe – welches die Ursache davon sei und woraus man sich ihrer versichern könne?* und auch mit der Abhandlung: *Die Frage: ob die Erde veralte? physikalisch erwogen* (beide 1754). Diese beiden Arbeiten stehen im unmittelbaren Zusammenhang und in Ergänzung zu der Hauptschrift über die *Theorie des Himmels*; das Alter der Erde wird zum Wesen des Menschen in direkte Beziehung gesetzt, wenn Kant der Erde ein mittleres Alter zuspricht und von dem Menschen vorgibt, auch er habe den halben Weg zur Vollkommenheit bereits zurückgelegt, sei zwar noch dem Irrtum verhaftet, aber zugleich zur Tugend und Vollkommenheit fähig. Schon hier zeichnet sich ein Zusammenhang zwischen Kosmos und Mensch und ihrer beider Gesetzlichkeit ab, wenn Kant das Gesetz der Natur mit den Maximen der Moral vergleicht (wie später in der *Kritik der praktischen Vernunft*): *In der Tat, wenn man mit solchen Betrachtungen und den vorhergehenden sein Gemüt erfüllt hat, so gibt der Anblick eines bestirnten Himmels bei einer heiteren Nacht eine Art des Vergnügens, welches nur edle Seelen empfinden.* [47]

Die 1755 herausgekommene Schrift über die *Theorie des Himmels* war Friedrich dem Großen gewidmet, obgleich sie nicht erscheinen konnte, weil der Verleger Bankrott machte. Sechs Jahre später kam der Philosoph und Mathematiker Johann Heinrich Lambert in seinen «Kosmologischen Briefen» zu denselben Ergebnissen, obgleich Kants Schrift nicht bekannt war. Ein freundschaftlicher Briefwechsel zwischen den beiden Gelehrten sicherte dem Königsberger Philosophen die Priorität. Kants Theorie wurde dann von dem englischen Astronomen Friedrich Wilhelm Herschel bestätigt, und der französische Astronom Pierre Simon de Laplace hat Kants Theorie in einigen Punkten modifiziert, vor allem aber durch Experimente bestätigt, sodass Kants kosmogonische Lehre als Kant-Laplace'sche Theorie in die Geschichte der Naturwissenschaften eingegangen ist.

Das Erdbeben von Lissabon. Zeitgenössisches Flugblatt, Augsburg, hg. von Georg Caspar Pfauntz (spätere Kolorierung)

Im Jahre 1755, als Kant das Erdbeben von Lissabon wissenschaftlich untersuchte, war er nicht nur als Naturwissenschaftler tätig, der sich den Phänomenen der Erde und des Himmels zuwandte, sondern auch als reiner Philosoph, indem er sich mit seiner Habilitationsschrift *Principiorum primorum cognitionis metaphysicae nova dilucidatio* (*Neue Beleuchtung der Grundprinzipien metaphysischer Erkenntnis*) in den metaphysischen Streit zwischen Wolff und Crusius vermittelnd einschaltete und, wie schon in seiner Erstlingsschrift, eine betont selbständige Haltung einnahm. Bereits hier finden sich spöttische Bemerkungen und ironische Anspielungen auf philosophische Parteien sowie die Beobachtung, dass die Metaphysik zum Tummelplatz verschiedenster Theorien geworden sei. Diese negative Einsicht wurde später zur

Grundlage seiner Überzeugung, dass es notwendig sei, die Philosophie auf ein neues, gesichertes Fundament zu gründen, wenn sie ihren Ruf als Wissenschaft nicht verlieren wolle.

Auffallend ist, dass Kant, nachdem er bereits so kühn und erfolgreich als Schriftsteller aufgetreten war, für sieben Jahre völlig verstummte. In den Jahren 1755 bis 1762 ist keine Schrift von Bedeutung entstanden, wenn man von dem *Versuch einiger Betrachtungen über den Optimismus* aus dem Jahre 1759 absieht. Wie unbedeutend diese Arbeit ist, darüber hat nicht zuletzt Kant selbst geurteilt, indem er sich eifrig bemühte, sie totzuschweigen oder, wenn sie irgendwo auftauchte, aus dem Verkehr – und gar aus dem Verkauf – zu ziehen. Was im Einzelnen der Grund gewesen sein mag, warum Kant sich während dieser Jahre als Autor zurückhielt, ist nicht recht erklärbar, aber auch nicht ungewöhnlich, da er mehrmals in seinem Leben ein langes Schweigen wichtigen Publikationen vorausgehen ließ.

In den beiden Jahren 1762 und 1763 erschienen dann in kurzen Abständen vier Schriften, die im Rückblick seine Zurückhaltung rechtfertigen. Mit ihnen betritt Kant bereits in kritischer Absicht den Kampfplatz der Metaphysik – nicht wie viele seiner Kollegen mit dem Plan, ein noch größeres und prächtigeres Denkgebäude zu errichten, sondern um das Terrain zu sondieren und von unbewiesenen und unbeweisbaren Spekulationen zu säubern. Mit der Abhandlung *Die falsche Spitzfindigkeit der vier syllogistischen Figuren erwiesen* kämpft er gegen eine Logik, die sich anmaßt, allein aus Begriffen, Urteilen und Schlüssen Erkenntnis schöpfen zu können. Die Logik erscheint ihm ungeeignet, mehr über die Begriffe auszusagen, als bereits in ihnen verborgen ist. Mögen die logischen Schlüsse in allgemeinen oder besonderen, positiven oder negativen Urteilen noch so vielfältig sein, wirkliche «Erkenntnis» ist nicht durch Zerlegen zu gewinnen.

Was Kant hier verwirft, ist das Erbe der Scholastik, welche die Logik des Aristoteles künstlich oder gekünstelt anwandte zur Errichtung von Denkgebäuden, die bis in den – auch christlichen – Himmel wuchsen. Ehrwürdig mochten solche Systeme demjenigen erscheinen, der nicht einsehen konnte – oder gar wollte –, auf welch tönernen Füßen diese Gedankengerüste errichtet waren; demjenigen jedoch, der Einblick und genug wissenschaftliche

Die vorkritischen Schriften

Skepsis besaß, bis zu ihren Fundamenten vorzudringen, konnten sie nur spitzfindig erscheinen. Kants Zorn richtete sich vor allem gegen die *Athletik der Gelehrten*, gegen deren Freude am Disput – besonders auf dem Gebiet der Metaphysik: *Die wissenswürdigen Dinge häufen sich in unseren Zeiten. Bald wird unsere Fähigkeit zu schwach und unsere Lebenszeit zu kurz sein, nur den nützlichsten Teil daraus zu fassen. Es bieten sich Reichtümer im Überfluß dar, welche einzunehmen wir manchen unnützen Plunder wieder wegwerfen müssen. Es wäre besser gewesen, sich niemals damit zu belästigen.*[48] Was Kant hier unnützen Plunder nennt, von dem es sich zu befreien gilt, ist nichts anderes als die Philosophie seiner Zeit.

Wie aber war es möglich, dass die Metaphysik derart in Verfall und Verruf geriet? Wenn Kant der Logik vorwirft, sie sei nicht in der Lage, Erkenntnis zu gewinnen, die nicht bereits im Begriff enthalten sei, so bekämpft er den zeitgenössischen Anspruch der rein spekulativen Erkenntnis, allein in der Vernunft, ihren Gesetzen und Vollzügen, eine Erkenntnis zu sehen, der die Wirklichkeit entsprechen müsse. Das Denken hatte sich – auf den Flügeln der reinen Logik – von der Wirklichkeit entfernt und durch willkürliche Schlüsse in den Himmel der Spekulation erhoben, ohne dass es den Nachweis bringen konnte, noch für die Wirklichkeit verbindlich zu sein.

Den Gegensatz von Denken und Wirklichkeit demonstriert Kant sodann in seiner nächsten Streitschrift: *Versuch, den Begriff der negativen Größen in der Weltweisheit einzuführen*, die im Jahre 1763 erschien. Ausgehend von seiner Behauptung, dass Logik allein nicht Erkenntnis ermögliche, versucht er das abstrakte Denken durch Selbstwiderspruch zu kompromittieren. Im disjunktiven Urteil, das von einer Sache annimmt, sie sei entweder a oder b, bedeutet es einen logischen Widerspruch, zugleich a und b zu setzen. Entweder bewegt sich ein Körper oder er ruht – die Logik kennt kein Drittes. Ein Drittes aber kennt die Wirklichkeit, wenn sich ein Körper im Verhältnis zu einem anderen in Ruhe und zu einem weiteren in Bewegung verhält. Das Negative, das im Raum der Logik keinen Raum hat und als reiner Widerspruch ausgewiesen werden muss, wird in der Wirklichkeit zu etwas Positivem, zu einer Bestimmung, die etwas Konkretes erfasst, das der reinen Logik verborgen bleiben muss.

| Die vorkritischen Schriften

Den Widerspruch von Denken und Sein wies Kant in seiner ganzen Härte auf, als er dem logischen Denken lediglich zuerkannte, den Zusammenhang von Grund und Folge aufzuhellen. Ist der Grund gegeben, so auch die Folge, die in ihm enthalten ist, sodass nur der Grund zergliedert werden muss, um der Folge in ihrem ganzen Umfang habhaft zu werden. Wie der Begriff des Körpers als Grund die Teilbarkeit als Folge aus sich entlässt, so die Ewigkeit Gottes dessen Unsterblichkeit, doch sei es (im logischen Vollzug) nicht gewiss und gleichgültig, ob dem Begriff die Wirklichkeit entspreche. Der Zusammenhang der Wirklichkeit, dem die Logik folgen müsse, wenn sie die Realität erkennen wolle, füge sich aber nicht den logischen Schlüssen, weil hier das Verhältnis von Ursache und Wirkung gelte, bei dem nicht mit der Ursache die Wirkung logisch notwendig gegeben werde. Der Begriff des Blitzes, mag er logisch noch so zergliedert und zerfetzt werden, wird niemals den Donner aus sich entlassen. Kant steht hier in der Nähe David Humes, für den das Prinzip der Kausalität nicht den

David Hume.
Gemälde von Allan
Ramsay, 1766

80

gleichen Grad an wissenschaftlicher Notwendigkeit aufweist wie die logische Methode von Grund und Folge.

Die Fahrlässigkeit, der die Metaphysik verfallen war, fußte auf der historischen Voraussetzung, in der Mathematik eine Wissenschaft zu sehen, die sich der Wirklichkeit adäquat zu bemächtigen vermöge. Diesem Anspruch trat Kant in der Schrift *Untersuchung über die Deutlichkeit der Grundsätze der natürlichen Theologie und Moral* im Jahre 1763 entgegen, die er auf eine Preisfrage der Berliner Akademie der Wissenschaften einreichte und mit der er hinter einer Arbeit von Moses Mendelssohn den zweiten Preis errang. Wieder benutzte er als Argument den Gegensatz von Denken und Sein, um der Mathematik und ihrer Logik die absolute Prätention, auch für die philosophische Wirklichkeit verbindlich zu sein, abzusprechen. Was logisch richtig behauptet werde, könne nicht verleugnet oder widerlegt werden, folge notwendig eigenen Gesetzen, nämlich dem des Widerspruchs, nicht denen der Wirklichkeit. Wird aber eine Erkenntnis über die Wirklichkeit gewünscht, so bedarf es der Erfahrung, des letzten Kriteriums, an dem jede philosophische These zu messen sei. Gedacht werden könne daher manches, auch der Begriff Gottes, wenn er klar definiert werde, doch sei damit seine Wirklichkeit noch keineswegs nachgewiesen: Nicht nur Theologen, auch Philosophen seien bemüht, den Gottesbegriff mit allerlei Attributen auszustatten: *Wenn ich sage: Gott ist allmächtig, so wird nur diese logische Allmacht gedacht, da die letztere ein Merkmal der ersteren ist. [...] Ob Gott sei, das ist, absolute gesetzt sei oder existiere, das ist darin gar nicht enthalten.*[49]

Damit ist die letzte 1763 erschienene Schrift erreicht, die dem wichtigsten Thema der spekulativen Philosophie, dem Wesen Gottes, gewidmet ist: *Der einzig mögliche Beweisgrund zu einer Demonstration für das Dasein Gottes.* Kant wagt sich hier auf ein unsicheres, zumindest (noch) ungesichertes Gebiet, auf einen *finsteren Ozean ohne Ufer und ohne Leuchttürme, wo man es wie der Seefahrer auf einem unbeschifften Meere anfangen muß, welcher, sobald er irgendwo Land betritt, seine Fahrt prüft und untersucht, ob nicht etwa unbemerkte Seeströme seinen Lauf verwirrt haben.*[50]

Die Argumente der zeitgenössischen Metaphysiker, die Existenz eines Gottes zu demonstrieren, waren vor allem drei: Der kosmologische Gottesbeweis schließt von der Existenz der Welt auf die Existenz einer höchsten Ursache, eines Gottes, wobei die Grenze des Gegensatzes von Denken und Sein leichtfertig übersprungen wird, da die Welt zwar wirklich, die Ursache aber nur gedacht, nicht durch die Realität bestätigt ist. Der physiko-theologische Gottesbeweis determiniert aus Ordnung und Schönheit der Welt den Weltschöpfer, dessen Schöpfung, die Welt, sich der Erkenntnis präsentiert, dessen Existenz aber allein im gläubigen Herzen beheimatet ist. Auch der berühmteste, der ontologische Beweis überspringt die Grenze zwischen Denken und Realität, wenn er den Gott als vollkommenstes Wesen bestimmt: notwendig auch mit Existenz ausgestattet. Beeinflusst von diesem logischen Schluss (von Anselm von Canterbury klassisch formuliert und von Hegel in seiner Überzeugungskraft erneut akzeptiert) war selbst noch Kant, als er 1763 diese Schrift verfasste. Die Welt, vergänglich und zufällig, würde der Aufhebung anheim fallen, gäbe es nicht ein Wesen, das notwendig existierte, also einen Gott. Von der Notwendigkeit eines höchsten, nicht zufälligen Weltgrundes wird geschlossen auf dessen Identität mit einem Gott, sodass wieder ein verkappter ontologischer Gottes-Beweis, unterstützt von einem physiko-theologischen, aufgestellt wird. Ihm abgeschworen hat Kant erst in der *Kritik der reinen Vernunft*.

Die skeptische Haltung Kants gegenüber der zeitgenössischen Metaphysik war gebunden teils an die Einsicht in die Sinnlosigkeit der willkürlichen spekulativen Streitereien, teils aber auch an eine der Aufklärung zuwiderlaufende Bewegung, deren Überzeugungskraft zum ersten Male 1755 nach dem «sinnlosen» Erdbeben von Lissabon deutlich wurde. Der Geist der Aufklärung, ihr Optimismus und Fortschrittsglaube erlitten einen heftigen (äußeren) Stoß. Und als Kant – aus philosophischen Rücksichten – der Anspruch der Vernunft suspekt erschien oder zumindest einer gründlichen Nachprüfbarkeit würdig, musste er, der bereits im Geist des Pietismus erzogen war, sich den verschiedenen Gegnern der Aufklärung anschließen. Die Zweifel, die der Pietismus an die Aufklärung herantrug, konnten deren Herrschaft nicht antasten, da die Zeit das Ende jeder Religion, die nicht mit der Vernunft vereinbar sei, als gekommen ansah. Ein Protest musste auf dem Gebiet der säkularisierten Religion erfolgen, im Bereich der Naturfrömmigkeit, die sich gegen die Kultur der Aufklärung erhob.

| Die vorkritischen Schriften

Der temperamentvolle Herold des Kampfes wider die Kultur und für die Natur war Rousseau, der auf die von der Akademie von Dijon gestellte Preisfrage, ob die Kunst oder die Wissenschaften der Menschheit größeren Nutzen bereitet hätten, beide verwarf, um auf die Natur zurückzuverweisen. Kant hat sich nicht gescheut, zuzugestehen, dass er durch Rousseau von der Arroganz der Vernunft, die fast alle zeitgenössischen Philosophen befallen hatte, befreit worden war: *Ich bin selbst aus Neigung ein Forscher. Ich fühle den ganzen Durst nach Erkenntnis und die begierige Unruhe, darin weiterzukommen, oder auch die Zufriedenheit bei jedem Fortschritte. Es gab eine Zeit, da ich glaubte, dies alles könnte die Ehre der Menschheit ausmachen, und ich verachtete den Pöbel, der von nichts weiß. Rousseau hat mich zurecht gebracht. Dieser verblendete Vorzug verschwindet.*[51]

Damit tritt für ihn, wie für Rousseau, der Mensch in seiner natürlichen Haltung, bar aller spitzfindigen Verstandestätigkeiten, in den Mittelpunkt des Interesses. Er wird zum Maßstab, an den sich das Leben wie das philosophische Lehren zu halten hat: *Die Vorsehung hat nicht gewollt, daß unsere zur Glückseligkeit höchst notwendigen Einsichten auf der Spitzfindigkeit feiner Schlüsse beruhen soll-*

Jean-Jacques Rousseau.
Gemälde von Maurice
Quentin de La Tour,
1753

ten, sondern sie dem natürlichen gemeinen Verstand unmittelbar überliefert, der, wenn man ihn nicht durch falsche Kunst verwirrt, nicht ermangelt, uns gerade zum Wahren und Nützlichen zu führen, insofern wir desselben äußerst bedürftig sind.[52] Der Stadtmensch Kant zog dennoch, als er seine *Beobachtungen über das Gefühl des Schönen und Erhabenen* im Jahre 1764 schrieb, das Landleben dem Stadtleben vor, ganz in Anlehnung an den weltstadtflüchtigen und natursüchtigen Rousseau. Vorbild für diese Schrift war der Förster Wobser in Moditten, bei dem Kant wie bei einem Freund seine wenigen längeren Ferien verbrachte.

So hatten eigene Arbeiten wie die Publikationen von Rousseau ihn von rein systematischen Bemühungen entfernt. Diese spekulative Askese ging im Jahre 1764 über die Ablehnung der vorhandenen metaphysischen Systeme hinaus, indem Kant in der kleinen Abhandlung *Versuch über die Krankheiten des Kopfes* eine Klassifikation der Geisteskrankheiten vornahm; als eine nicht der geringsten bezeichnete er die Phantasterei. Ihr verfallen seien nicht zuletzt die Philosophen, die säkularisiert-religiösen Auskunfteien für das Jenseits, ohne allerdings die eigene Krankheit, *die Tobsucht eines gelehrten Schreiers*[53], zu bemerken, dafür aber die Umwelt belästigend: *Denn da nach den Beobachtungen des Swift ein schlechtes Gedicht bloß eine Reinigung des Gehirns ist, durch welche viele schädliche Feuchtigkeiten zur Erleichterung des kranken Poeten abgezogen werden, warum sollte eine elende grüblerische Schrift nicht auch dergleichen sein? In diesem Fall aber wäre es ratsam, der Natur einen anderen Weg der Reinigung anzuweisen, damit das Übel gründlich und in aller Stille abgeführt werde, ohne das gemeine Wesen dadurch zu beunruhigen.*[54]

Sehr bald hatte Kant Gelegenheit, seine Vorwürfe gegen Phantasterei auf einen Zeitgenossen zu beziehen, auf einen «Visionär», der gleichzeitig den Ruf eines exakten Wissenschaftlers genoss: auf Emanuel von Swedenborg. Der schwedische Wissenschaftler und Theosoph (1688–1772) besaß sowohl mystische Fähigkeiten wie einen kühlen, klaren Verstand, der ihn zum Polyhistor von Weltruf werden ließ. Zunächst reiner Wissenschaftler, begabt, sein abstraktes Wissen in Bildern darzustellen, die ihn jedoch danach umstanden und umdrängten, artete seine Schwärmerei in Religionsstiftung aus («Swedenborgianer» sammelten sich in Schwe-

| Die vorkritischen Schriften

den, Nordamerika und England; auf den Britischen Inseln gab es 1893 noch 81 Gemeinden seines Glaubens).

Kant versuchte, sich brieflich über Swedenborgs visionäre Erfolge zu informieren, von denen vorzüglich zwei sein Interesse fanden. 1756 hielt sich – so wurde Kant berichtet – Swedenborg in Göteborg auf, als in Stockholm ein Brand ausbrach. Am Tage des Feuers sah und sagte er voraus, das Haus seines Freundes liege bereits in Asche, sein eigenes sei ebenfalls in Gefahr. Am Abend atmete er auf mit der Bemerkung, sein Haus sei verschont geblieben und der Brand drei Häuser vor seiner Tür gelöscht worden. Später wurde die Richtigkeit seiner Aussagen durch Kuriere aus Stockholm bestätigt.

Aber auch für andere war Swedenborg mit seinen Gaben tätig, etwa für die Witwe des holländischen Botschafters Harteville in Stockholm, die nach dem Tod ihres Mannes zur Bezahlung eines Silberservices aufgefordert wurde, das ihr Mann noch bestellt und, wie sie annahm, auch bezahlt hatte. Eine Quittung ließ sich nicht finden. Der Wert war ansehnlich; die Dame war in Sorge und wandte sich an Swedenborg, den sie bei einem Kaffeekränzchen

Emanuel von Swedenborg. Gemälde von Per Krafft d.Ä., 1760

85

traf. Sie bat ihn, Kontakt mit ihrem verstorbenen Mann aufzunehmen, um den Aufbewahrungsort der Quittung zu erfahren, was Swedenborg sofort versprach. Drei Tage später erschien er mit der Nachricht, der Mann habe die Schuld sieben Monate vor seinem Tod bezahlt und die Quittung in einem Schrank deponiert, der im oberen Stockwerk stehe. Dem Hinweis der Dame, dieser Schrank sei gänzlich ausgeräumt worden und unter den Papieren habe sich die Quittung nicht gefunden, widersprach Swedenborg. Gestützt auf die Aussagen des verschiedenen Botschafters versicherte er, an der linken Seite des Schrankes befinde sich eine Schublade, nach deren Entfernung ein Brett zum Vorschein komme, das eine weitere Schublade verdecke, in der eine geheime holländische Korrespondenz sowie die gewünschte Quittung zu finden seien. Die Gesellschaft begab sich in das obere Zimmer und war auf ihrer Suche nach dem Papier sogleich erfolgreich.

Einer wissbegierigen Korrespondentin, Charlotte von Knobloch, teilte Kant in vorsichtiger Zurückhaltung mit, wie weit seine Nachforschungen gediehen waren. Diese Zurückhaltung haben deutsche Swedenborgianer so gedeutet, dass Kant eigentlich Spiritist gewesen sei, doch wurde er, wie es in einer Schrift von Johann Friedrich Immanuel Tafel heißt, bald auf philosophische Abwege geführt, «so daß wir Kant, zuletzt des Vermögens für das Übersinnliche beraubt, an den Folgen sinnlicher Gier sein Leben endigen sehen»[55].

Kant hat versucht, in persönlichem Briefwechsel an Swedenborg heranzutreten, doch antwortete der schwedische Gelehrte nicht und ließ nur durch einen Mittelsmann wissen, er werde Kants Frage in seinem demnächst erscheinenden Werk ausführlich beantworten. Die umfänglichen «Coelestia arcana» («Geheimnisse des Himmels»), erschienen in 8 Bänden, erwiesen sich als eine Art Baedeker des Himmels und der Geisterwelt. Kant, damals noch Privatdozent, beschaffte sich nicht ohne finanzielle Mühe das Werk für sieben Pfund Sterling und war enttäuscht; er gestand, *acht Quart-Bände voll Unsinn*[56] sich eingehandelt zu haben, und trat, mit satirischer Schärfe geharnischt, in seiner Schrift *Träume eines Geistersehers, erläutert durch Träume der Metaphysik* 1766 gegen Swedenborg auf: *Er [der Verfasser] bekennt mit einer gewissen Demütigung, daß er so treuherzig war, der Wahrheit einiger Er-*

Die vorkritischen Schriften

zählungen von der erwähnten Art nachzuspüren. Er fand – wie gemeiniglich, wo man nichts zu suchen hat – er fand nichts. Nun ist dieses wohl an sich selbst schon eine hinlängliche Ursache, ein Buch zu schreiben; allein es kam noch dasjenige hinzu, was bescheidenen Verfassern schon mehrmalen Bücher abgedrungen hat, das ungestüme Anhalten bekannter und unbekannter Freunde. Überdem war ein großes Werk gekauft und, welches noch schlimmer ist, gelesen worden, und diese Mühe sollte nicht verloren sein. Daraus entstand nun die gegenwärtige Abhandlung, welche, wie man sich schmeichelt, den Leser nach der Beschaffenheit der Sache völlig befriedigen soll, indem er das Vornehmste nicht verstehen, das Andere nicht glauben, das Übrige aber belachen wird. [57]

Die Geisterseherei Swedenborgs, jene *hypochondrischen Dünste, Ammenmärchen und Klosterwunder* [58], war nicht ausschließlich das Ziel seines Angriffs; dieser richtete sich vielmehr gegen die Metaphysiker seiner Zeit, denen er Gemeinsamkeiten mit dem schwedischen Visionär vorwarf. Swedenborgs Phantastereien entstanden, so erläuterte Kant, aus überreizter Empfindung, die, verselbständigt, zum Traum der Empfindung wird. Gemeinsam mit Swedenborg ist den Metaphysikern der Traum, doch werden ihre Träume nicht von den Empfindungen, sondern der Vernunft ausgelöst, einer Vernunft, deren Vision der Wirklichkeit so sehr widerstreitet, dass die Steigerung der phantastischen Vernunft dem Schwund der Verstandeskräfte entspricht, die auf die wirkliche Welt gerichtet sind, sodass *man die anschauende Erkenntnis der anderen Welt nur erlangen kann, indem man etwas von demjenigen Verstande einbüßt, welchen man für die gegenwärtige nötig hat. Ich weiß auch nicht, ob selbst gewisse Philosophen gänzlich von dieser harten Bedingung frei sein sollten, welche so fleißig und vertieft ihre metaphysischen Gläser nach jenen entlegenen Gegenden hin richten und Wunderdinge von daher zu erzählen wissen; zum wenigsten mißgönne ich ihnen keine von ihren Entdeckungen; nur besorge ich, daß ihnen irgendein Mann von gutem Verstande und wenig Feinigkeit eben dasselbe dürfte zu verstehen geben, was dem Tycho de Brahe sein Kutscher antwortete, als jener meinte, zur Nachtzeit nach den Sternen den kürzesten Weg fahren zu können: «Guter Herr, auf den Himmel mögt ihr euch wohl verstehen, hier aber auf der Erde seid ihr ein Narr.»* [59]

Schon hier kritisch gegen jedes positiv-spekulative System, zugleich aber Rousseau verhaftet, schließt er mit dem Glaubens-

bekenntnis aktiver «Weltfrömmigkeit»: *Es war auch die menschliche Vernunft nicht genugsam dazu beflügelt, daß sie so hohe Wolken
teilen sollte, die uns die Geheimnisse der andern Welt aus den Augen ziehen; und den Wißbegierigen, die sich nach derselben so angelegentlich
erkundigen, kann man den einfältigen, aber sehr natürlichen Bescheid
geben, daß es wohl am ratsamsten sei, wenn sie sich zu gedulden
beliebten, bis sie werden dahin kommen. Da aber unser
Schicksal in der künftigen Welt vermutlich sehr darauf ankommen mag,
wie wir unseren Posten in der gegenwärtigen verwaltet haben, so schlie-
ße ich mit demjenigen, was Voltaire seinen ehrlichen Candide, nach so
viel unnützen Schulstreitigkeiten, zum Schluß sagen läßt: «Laßt uns unser Glück besorgen, in den Garten gehen und arbeiten.»* [60]

Diese Schrift, gegen Swedenborg gerichtet und Rousseau verpflichtet, steht thematisch in der Nähe einer Abhandlung *Räsonne-
ment über einen Abenteurer Jan Pawlikowicz Idomozyrskich Komarnicki*, die, 1764 erschienen, zurückgeht auf einen wohl geistesgestör-
ten Schwärmer, auch «Ziegenprophet» genannt, der sich zu jener
Zeit in der Umgebung von Königsberg einfand, ausgerüstet
(außer mit einer Ziegenherde) mit zahlreichen Bibelzitaten, besonders aus den Propheten. Weniger auf den zweifelhaften Apostel
war Kants Interesse gerichtet als auf einen achtjährigen Knaben,
der ihn begleitete und, abseits von jeder Kultur aufgewachsen,
ganz den Rousseau'schen Vorstellungen eines Naturkindes zu entsprechen schien: *Bei dem Anschauen und Anhören des begeisterten
Faunus und seines Buben ist für solche Augen, welche die rohe Natur gerne ausspähen, die unter der Zucht der Menschen gemeiniglich sehr un-
kenntlich wird, das Merkwürdigste – der kleine Wilde, der in den
Wäldern aufgewachsen, allen Beschwerlichkeiten der Witterung mit
fröhlicher Munterkeit Trotz zu bieten gelernt hat, in seinem Gesichte keine gemeine Freimütigkeit zeigt und von der blöden Verlegenheit nichts an
sich hat, die eine Wirkung der Knechtschaft oder der erzwungenen Acht-
samkeiten in der feineren Erziehung wird und, kurz zu sagen (wenn man
dasjenige wegnimmt, was einige Menschen schon an ihm verderbt haben,
die ihn lehren Geld fordern und naschen), ein vollkommenes Kind in
demjenigen Verstande zu sein scheint, wie es ein Experimentalmoralist
wünschen kann, der so billig wäre, nicht eher die Sätze des Herrn Rousseau den schönen Hirngespinsten beizuzählen, als bis er sie geprüfet
hätte.* [61]

DIE KRITISCHEN SCHRIFTEN

Die Schriften, die vor 1770 entstanden, verhalten sich rein negativ-kritisch zur zeitgenössischen Dogmatik. Mit der lateinischen Inauguraldissertation wird Kant zum ersten Male positiv-kritisch tätig, indem er sich nun an die mühsame Arbeit macht, nach Beseitigung der Trümmer der bisherigen Metaphysik das Gebiet der Philosophie neu zu begründen und zu festigen. Am 31. März erhielt er die Berufung zum Ordinarius für Logik und Metaphysik; seine Schrift *De mundi sensibilis atque intelligibilis forma et principiis* (*Über die Form und die Prinzipien der Sinnen- und Geisteswelt*) wurde am 21. August der Fakultät vorgelegt und öffentlich zur Diskussion gestellt; die Verteidigung der Arbeit übernahm Markus Hertz, der nach Kants Auffassung den Vorzug besaß, für die hier behandelten Probleme und somit auch für die der *Kritik der reinen Vernunft* in höherem Maße als alle seine philosophischen Kollegen zuständig zu sein.

Das Ziel dieser Schrift ist, kritisch den Nachweis zu führen, weshalb die Metaphysik in die Sackgasse des Selbstwiderspruchs geraten war, und nun den Versuch zu machen, ihr ein neues, wissenschaftlich gesichertes Fundament zu schaffen.

Kant führt die philosophischen Aporien seiner Vorgänger auf einen methodischen Fehler zurück, auf die fahrlässige Vermengung sinnlicher und intellektueller Erkenntnis: *Denn diese Mißhelligkeit zwischen dem sinnlichen und intellektuellen Vermögen [...] zeigt nur an, daß der Geist jene abstrakten Ideen, die er vom Verstand befruchtet besitzt, sehr oft im Einzelfall nicht darstellen und in Anschauungen verwandeln kann.*[62]

Diese Grenzziehung zwischen sinnlicher und intellektueller Erkenntnis, in ausreichender Schärfe vollzogen, ermöglicht es, jede Erkenntnis auf ihren Raum zu beschränken, sie in ihrem Bezirk für gültig zu erklären und jeden Übergriff zu entlarven: *Der Gegenstand der Sinnlichkeit ist das Sinnending; was aber nichts enthält als was durch den bloßen Verstand erkannt werden muß, ist das Verstandeswesen. Ersteres hieß in den Schulen der Alten: Phänomenon, letzteres Noumenon.*[63] Zum Bereich des Phänomenon zählt alles, was gemäß Raum und Zeit, den sinnlichen Formen der Erkenntnis, wahrgenommen wird. (Raum und Zeit – als ursprüngliche Formen der Anschauung – werden fast ohne inhaltliche Veränderung in die

Kritik der reinen Vernunft übernommen, sodass vor allem hier eine Verbindung zwischen dieser Schrift und dem Hauptwerk besteht.)

Der Vorgang der Erkenntnis eines Sinnendinges, eines Phänomenon, vollzieht sich in der Weise, dass ein Objekt oder Ding an sich gemäß den Formen der Anschauung wahrgenommen wird. Diese Empfindung (noch keine Erkenntnis) wird sodann durch den logischen Verstandesgebrauch gruppiert, geordnet und auf die Einheit einer Erkenntnis gebracht, doch hat der Verstand hier nur dienende Funktion gegenüber der sinnlichen Erkenntnis, die den *mundus sensibilis* ausbildet.

Dagegen ist der reale Verstandesgebrauch die Quelle jener Erkenntnisse, die als Noumena oder Dinge an sich ihren eigenen Bezirk, den des reinen Denkens, ausfüllen: *Was aber die Verstandeserkenntnisse im eigentlichen Sinne anlangt, in denen der Verstandesgebrauch real ist, so werden solche Vorstellungen, sei es von Objekten sei es von Beziehungen, durch die Natur des Verstandes selbst gegeben und sind weder von irgend einem Gebrauch der Sinne abstrahiert, noch enthalten sie irgendeine Form der sinnenhaften Erkenntnis als solcher.* [64]

Beide Bereiche der Erkenntnis sind schlechthin beziehungslos, sie laufen parallel nebeneinander her, ohne sich gegenseitig zu beeinflussen. Auch der Grad an Klarheit ihrer Erkenntnis ist nicht mehr verschieden – wie etwa bei Leibniz, dem die sinnliche Erkenntnis nur eine verworrene Form der klareren Verstandeserkenntnis war –, sondern sie sind qualitativ gleichwertig: *Es können nämlich sinnenhafte Erkenntnisse sehr deutlich und intellektuelle äußerst verworren sein. Ersteres bemerken wir in dem Muster der sinnenhaften Erkenntnis, der Geometrie, letzteres in der Methodenlehre aller intellektuellen Erkenntnisse, der Metaphysik, von der bekannt ist, wie große Mühe sie sich gibt, die Nebel der Verworrenheit, die den gemeinen Verstand umhüllen, zu beseitigen, obwohl nicht immer mit dem gleichen Erfolg, wie ihn die Geometrie hat.* [65]

Die Ursache der metaphysischen Streitereien ist lediglich in der mangelhaften Unterscheidung von *mundus sensibilis* und *mundus intelligibilis* zu sehen: *Da das Blendwerk des Verstandes, sinnenhafte Begriffe als intellektuelle Merkmale auszuputzen, in Analogie zu einer üblichen Bezeichnung ein Erschleichungsfehler genannt werden kann, so wird die Verwechslung intellektueller und sinnlicher Prinzipien ein metaphysischer Erschleichungsfehler sein (ein intel-*

*lektuiertes Phänomen, wenn man diesen barbarischen Ausdruck
gestattet), und daher nenne ich ein solches zwitterartiges Axiom,
das etwas Sinnenhaftes für etwas dem intellektuellen Begriff notwendig
Anhängendes verkauft, ein erschlichenes Axiom.*[66] Mit der Unterscheidung in Sinnen- und Gedankenwelt ist bereits im Kern an-
gedeutet, was zehn Jahre später in der *Kritik der reinen Vernunft* zu
der kritischen Unterscheidung von *transzendentaler Analytik* und
transzendentaler Dialektik führt.

Doch zunächst, nachdem Kant die ordentliche Professur erhalten und angetreten hatte, verstummte er als Autor völlig, sodass
sich für den oberflächlichen Betrachter die Vermutung aufdrängen
musste, Kant habe mit der Professur das höchste Ziel seiner beruf-
lichen Wünsche erreicht. (Nicht selten hat ein Ordinarius mit seiner Habilitationsschrift der wissenschaftlichen Publikation Valet
gesagt.)

Dieses Verhalten rief allgemein Bedauern über eine große ent-
täuschte philosophische Hoffnung hervor; auch Lavater unter-
drückte seine Vorwürfe nicht, als er 1774 an Kant schrieb: «Sind
Sie denn der Welt gestorben? Warum schreiben so viele, die nicht
schreiben können, und Sie nicht, die es so vortrefflich können?
Warum schweigen Sie – bei dieser Zeit, dieser neuen Zeit – geben
keinen Ton von sich? Schlafen? Kant – nein, ich will Sie nicht
loben – aber sagen Sie mir doch, warum Sie schweigen? oder vielmehr: Sagen Sie mir, dass Sie reden wollen.»[67]

Kant aber schwieg beharrlich, nicht nur vier Jahre, sondern
elf Jahre, in denen seine Arbeit ohne sichtbares Zeichen nach außen blieb. Auch in Briefen drang kaum ein Hinweis zu seinen wissenschaftlichen Freunden, denn Kant war ein schlechter, saum-
seliger Briefschreiber, nachlässig selbst in der Korrespondenz mit
den wichtigsten, berühmtesten Zeitgenossen, und daher gezwungen, den Briefwechsel stets mit ausgedehnten Entschuldigungen
wieder aufzunehmen, sogar gegenüber seinem Freund Markus
Hertz (1771): *Was denken Sie von meiner Nachlässigkeit im Korrespon-
dieren? Was denkt Ihr Mentor, Herr Mendelssohn und Herr Lambert davon. Gewiß diese wackeren Leute müssen sich vorstellen, daß ich sehr un-
fein sein müsse, die Bemühung, welche sie sich in ihren Briefen an mich
geben, so schlecht zu erwidern.*[68]

Nur in den sporadischen Briefen an Hertz gab Kant Auskunft

Moses Mendelssohn.
Gemälde von Johann
Christoph Frisch, 1786

über seine philosophische Arbeit, sodass sich allein in ihnen, da Kant kein Tagebuch führte, der denkerische Weg ablesen lässt, den er in aller Strenge und Stille bis zu seinem Hauptwerk zurücklegen musste. In dem eben erwähnten Brief ist bereits von dem Vorhaben die Rede, das nach zehn Jahren und zahlreichen Wandlungen zur *Kritik der reinen Vernunft* führen sollte: *Ich bin jetzo damit beschäftigt, ein Werk, welches unter dem Titel: «Die Grenzen der Sinnlichkeit und der Vernunft» das Verhältnis der für die Sinnenwelt bestimmten Grundbegriffe und Gesetze zusamt dem Entwurfe dessen, was die Natur der Geschmackslehre, Metaphysik und Moral ausmacht, enthalten soll, etwas ausführlich auszuarbeiten.*[69] Hier ist an eine umfassende Kritik der theoretischen und praktischen Vernunft sowie auch des Geschmacks – also im Umfang der späteren drei Kritiken – gedacht.

Doch alsbald stellten sich Schwierigkeiten ein. Das Fundament der Dissertation erwies sich als ungenügend und ausbaubedürftig: *Ich hatte mich in der Dissertation damit begnügt, die Natur der intellektualen Vorstellungen bloß negativ auszudrücken: daß sie nämlich nicht Modifikationen der Seele durch den Gegenstand wären. Wie aber*

Die kritischen Schriften

denn sonst eine Vorstellung, die sich auf einen Gegenstand bezieht, ohne von ihm auf einige Weise affiziert zu sein, möglich, überging ich mit Stillschweigen.[70] Die sinnliche Erkenntnis bereitet ihm also keine Schwierigkeiten, sie ist an den gegebenen Gegenstand gebunden; doch die Verstandeserkenntnis, der kein Gegenstand gegeben ist, der damit auch kein Gegenstand entsprechen kann, ist sie überhaupt Erkenntnis der Wirklichkeit? Ist die willkürlich vollzogene Funktion des Verstandes eine angemaßte Erkenntnis, die Fehlerquelle der Metaphysik, die es durch eine Kritik zu verhindern gilt?

Nachdem mit dieser Frage das Problem gestellt, der *Schlüssel zu dem ganzen Geheimnisse* entdeckt ist, scheint der Weg frei zu sein für eine umfassende Kritik: *Ich bin jetzo im Stande, eine Critik der reinen Vernunft, welche die Natur der theoretischen sowohl als der praktischen Erkenntnis, sofern sie bloß intellektual ist, enthält, vorzulegen, wovon ich den ersten Teil, der die Quellen der Metaphysik, ihre Methodik u. Grentzen enthält, zuerst und darauf die reinen Principien der Sittlichkeit auszuarbeiten und was den erstern betrifft, binnen etwa 3 Monaten herausgeben werde.*[71] Inhaltlich ist jetzt die spätere Kritik der Urteilskraft ausgeschieden.

Doch das Werk wird nicht fertig, auch nicht im nächsten Jahr, als er den Freund auf Ostern 1774 vertröstet: *Ich habe noch bisweilen die Hoffnung, auf Ostern das Werk fertig zu liefern.*[72] Die Frage wird immer präziser, die Arbeit aber erscheint nicht, wohl auch der *häufigen Indispositionen* wegen; aber das Ziel liegt unverändert klar vor Augen (1776 an Hertz): *Sie wissen: daß das Feld der von allen empirischen Principien unabhängig urteilenden, d. i. reinen Vernunft müsse übersehen werden können, weil es in uns selbst a priori liegt und keine Eröffnungen von der Erfahrung erwarten darf. Um nun den ganzen Umfang desselben [...] nach sicheren Principien zu verzeichnen und die Marksteine so zu legen, daß man künftig mit Sicherheit wissen könne, ob man sich auf dem Boden der Vernunft oder der Vernünfteley sich befinde, dazu gehören: eine Critik, eine Disziplin, ein Kanon und eine Architektonik der reinen Vernunft.*[73] Jetzt ist nicht mehr von der praktischen Vernunft die Rede; das Ziel ist allein auf die Sicherung der theoretischen Vernunft gerichtet.

Aber die Kritik, deren Verfahren neu ist, soll überzeugend dargestellt werden, eine Aufgabe, die ihm noch im nächsten Jahr erhebliche Schwierigkeiten bereitet: *Allen Ausfertigungen liegt indes-*

*sen das, was ich Critik der reinen Vernunft nenne, als ein Stein im Wege,
mit dessen Wegschaffung ich jetzt allein beschäftigt bin, und diesen Winter damit völlig fertig zu werden hoffe.*[74] Auch 1778 ist das Werk nicht
vollendet, sondern wird erneut verzögert. Aber drei Jahre später,
am 1. Mai 1781, erhält Markus Hertz einen Brief, der lapidar beginnt: *Diese Ostermesse wird ein Buch von mir, unter dem Titel: Critik
der reinen Vernunft, herauskommen.*[75] Und das Buch erscheint.

Kant erwartet mit Spannung das Echo, das jedoch ausbleibt –
so vollständig, dass sich um das Erscheinen eine Stille verbreitet,
nicht weniger hartnäckig und vollständig, wie er sie selbst während der elf Jahre seiner zurückgezogenen Arbeit um sich verbreitet hatte. Die Ursache aber für dieses Schweigen ist nur in dem
Werk selbst zu suchen und zu finden, in seiner Problematik, die
den Zeitgenossen als radikal neuartig erscheinen musste.

Für den Umfang des Werks, das in der Originalausgabe 856
Seiten zählt, ist verantwortlich die erklärte Absicht, sich von aller
bisherigen Philosophie radikal loszusagen, so entschieden und rigoros, dass allein beweisführende Weitschweifigkeit das Neue dieses Denkens vor dem Missverständnis bewahren kann. (Dass auch
erklärende Umständlichkeit nicht ausreicht, krasse Fehlinterpretationen zu verhindern, sollte Kant bei den ersten Rezensionen erfahren.) Trotz der ersten, fast erwarteten Widerstände war Kant
sich der philosophiegeschichtlichen Bedeutung seiner Arbeit ohne Selbstüberschätzung bewusst, sodass für ihn die vordringliche
Zielsetzung der *Kritik der reinen Vernunft* allein darin bestand, seine
philosophisch gebildeten Zeitgenossen mit den von ihm gefundenen Erkenntnissen so schnell wie möglich bekannt zu machen.
Nur in der Mitteilung liegt die Absicht des Werks; es stellt das Ergebnis seiner zehnjährigen Denktätigkeit nicht zur Diskussion,
sondern beendet eine innere Diskussion in dem Bewusstsein, seine Zeitgenossen nunmehr vor die Notwendigkeit gestellt zu haben, eine Revolution des Denkens, auch ihres eigenen Denkens,
nach- und mitzuvollziehen.

Der Titel *Kritik der reinen Vernunft* enthält absichtlich die Aufforderung zu einer doppelsinnigen Interpretation. Ist es eine
Kritik, die von der reinen Vernunft vollzogen wird – gen. subiectivus –, oder eine Kritik, die selbst die reine Vernunft einer Prüfung
unterzieht – gen. obiectivus? Beide Aufgaben fallen der reinen Ver-

nunft gleichermaßen zu; sie soll in ihrer Wirksamkeit überprüft werden – gen. obiectivus –, wozu allerdings ein Vermögen nötig ist, das ausreichend Kompetenz besitzt, dieses Richteramt auszuführen – gen. subiectivus. Der antiken Voraussetzung, dass Gleiches nur von Gleichem erkannt werden kann, wird genügt und gleichzeitig das Ziel als möglich gesetzt, die Vernunft als Gegenstand kritischer Erkenntnis genau in ihrem Wirkungsbereich kennen zu lernen mit einem Werkzeug, das nicht außerhalb des zu erkennenden Objekts liegt, mit der Vernunft selbst, die, zugleich Gegenstand und Mittel der Erkenntnis, auf diesem Weg *Selbsterkenntnis*[76] vollzieht.

Nicht übersehen werden darf, dass die Vernunft, wenn sie sich selbst durch sich selbst überprüft, zugleich Richter und Angeklagter ist, als Richter jedoch über das Gesetzbuch der «Kritik» verfügt, das sie befähigen soll, sich selbst gegenüber aus der Distanz eines Fernstehenden zu urteilen. (Nicht nur im moralischen Rigorismus, auch hier, im theoretischen Bereich, wird von dem «preußischen» Axiom ausgegangen, dass ein Individuum als Subjekt bis zu dem Grade von seinen persönlichen Belangen abstrahieren und unvoreingenommen über sich selbst zu Gericht sitzen kann. Selbstbewusstsein wie Selbstkritik als Bewusstsein, sich im anderen beurteilen, betrachten und achten zu können, sind das Fundament dieser «aufgeklärten» Haltung.)

Aber nicht nur der Wille, gegenüber sich selbst im Akt der Selbsterkenntnis unnachsichtige Kritik zu üben, ist Voraussetzung für das Gelingen der Selbstkritik, sondern die Vernunft muss zugleich als

Immanuel Kant: Was ist Aufklärung? (5. Dezember 1783)
Aufklärung ist der Ausgang des Menschen aus seiner selbst verschuldeten Unmündigkeit. Unmündigkeit ist das Unvermögen, sich seines Verstandes ohne eines anderen zu bedienen. Selbstverschuldet ist die Unmündigkeit, wenn dieselbe nicht aus einem Mangel des Verstandes, sondern der Entschließung und des Muts liegt, sich seiner ohne Anleitung eines anderen zu bedienen. Sapere aude! Habe Mut, dich deines eigenen Verstandes zu bedienen! ist also der Wahlspruch der Aufklärung.

Vermögen strukturell in der Lage sein, das schwierige Geschäft der Selbstaburteilung zu vollziehen: *Denn das hat die reine spekulative Vernunft Eigentümliches an sich, daß sie ihr eigen Vermögen [...] ausmessen, und auch selbst die mancherlei Arten, sich Aufgaben vorzulegen, vollständig vorzählen, und so den ganzen Vorriß zu einem System der Metaphysik verzeichnen kann und soll.* [77]

Der Ruf vor den Richterstuhl aber wird erst erforderlich, wenn fahrlässiges Handeln der Vernunft festgestellt ist. Diesen strafbaren Tatbestand hat die dogmatische Philosophie mit ihren spekulativen Streitereien geliefert. Doch trifft sie nur teilweise der Vorwurf der Fahrlässigkeit; teilweise folgte sie dem inneren Gesetz der Vernunft selbst, dem der Vernunft immanenten Hang zum Selbstwiderspruch, wie ihn der Anfang der *Kritik der reinen Vernunft* diagnostiziert: *Die menschliche Vernunft hat das besondere Schicksal in einer Gattung ihrer Erkenntnisse: daß sie durch Fragen belästigt wird, die sie nicht abweisen kann; denn sie sind ihr durch die Natur der Vernunft selbst aufgegeben, die sie aber auch nicht beantworten kann; denn sie übersteigen alles Vermögen der menschlichen Vernunft.* [78]

Die Frage der *Kritik der reinen Vernunft* geht somit auf den Nachweis, welche Fragen die Vernunft als Denktätigkeit zu beantworten vermag und welche nicht. Für die Dogmatiker besaß das Denken als Erkenntnisfunktion keinerlei Grenze und somit Allgemeingültigkeit; für den Skeptiker aber war das Denken wiederum unfähig, überhaupt einen Erkenntnisakt zu vollziehen. Weder die Behauptung, dass Erkenntnis aus reiner Vernunft möglich sei, noch die Gegenbehauptung, dass sie es nicht sei, genügte dem Erkenntnistheoretiker Kant. Allein wichtig war ihm der Nachweis, wie es um Möglichkeit, Wirklichkeit und Wirksamkeit der reinen Vernunft – auch und gerade an ihren Grenzen – bestellt sei: *Ich verstehe aber hierunter [Kritik der reinen Vernunft] nicht eine Kritik der Bücher und Systeme, sondern die des Vernunftvermögens überhaupt, in Ansehung aller Erkenntnisse, zu denen sie, u n a b h ä n g i g v o n a l l e r E r f a h r u n g, streben mag, mithin die Entscheidung der Möglichkeit oder Unmöglichkeit einer Metaphysik überhaupt und die Bestimmung sowohl der Quellen, als des Umfanges und der Grenzen derselben, alles aber aus Prinzipien.* [79]

In diesen Sätzen ist das Programm der *Kritik der reinen Vernunft* ganz enthalten. Einer Kritik würdig erscheint nicht der in der Dissertation von 1770 schon klar umrissene Bereich der Sinnenwelt, sondern das dort noch ungenau bestimmte Gebiet des *realen Verstandesgebrauchs*, das jenseits aller Empfindung und Erfahrung sich öffnet: der Zuständigkeitsbereich der reinen Vernunft. Diese

Kritik der reinen Vernunft

soll, wenn sie den Raum sinnlicher Erfahrung verlässt, nachweisen können, woraus sie das Recht ableitet, ihre Behauptungen als
Erkenntnis auszugeben.

Kant fasst die philosophischen Konzeptionen seiner Vorgänger zusammen, indem er ihre wie seine Erkenntnisart im Urteil definiert. Der Dogmatiker, gestützt allein auf den Satz des Widerspruchs, vermag, wenn er den Raum der Erfahrung verlässt – a priori –, nur analytische Urteile zu fällen, das heißt Urteile, die von
vorgegebenen Begriffen ausgehen und diese analytisch zerlegen.
Der Skeptiker dagegen lehnt jede Erkenntnis a priori – unabhängig
von der Erfahrung und daher mit dem Anspruch auf Allgemeingültigkeit und Notwendigkeit – ab; für ihn ist jede Erkenntnis a
posteriori, nur durch die sinnliche Wahrnehmung zu vollziehen,
da ihm, wenn er das Material der sinnlichen Wahrnehmung im Experiment erhält, Aussagen zur Verfügung gestellt werden, die
nicht unmittelbar im vorgegebenen Begriff enthalten sind.

Methodisch kann das Verfahren des Dogmatikers so präzisiert
werden: analytische Urteile a priori; das des Skeptikers: synthetische Urteile a posteriori zu vollziehen. Kants Bemühen wendet
sich nun einer Unmöglichkeit – so musste es seiner Zeit erscheinen – zu, nämlich synthetische Urteile a priori zu leisten: *Die
eigentliche Aufgabe der reinen Vernunft ist nun in der Frage enthalten:
Wie sind synthetische Urteile a priori möglich?* [80]

In dieser Formel, die dürr-abstrakt erscheint, ist jedoch enthalten, welche Fehler seiner Vorgänger er vermeiden und welche
richtigen Ergebnisse er übernehmen möchte. A priori sollen seine
Urteile sein, um als wirkliche Erkenntnis Allgemeingültigkeit
und Notwendigkeit beanspruchen zu können; synthetisch aber,
um über das analytische Glasperlenspiel mit reinen Begriffen hin-
auszugelangen. In der Definition der synthetischen Urteile a priori enthüllt sich dieses Programm in äußerster Kurzfassung.

Einleitend untersucht Kant genau, ob es synthetische Urteile
a priori geben kann oder gar gibt. Dabei gelingt ihm, an gewissen
Sätzen der Mathematik zu demonstrieren, dass in dieser Wissenschaft mit synthetischen Urteilen a priori gearbeitet wird, wodurch sie in der Lage ist, sich – synthetisch – auszubreiten und
zugleich – durch das a priori – Notwendigkeit und Allgemeingültigkeit ihrer Erkenntnisse zu erreichen, kurz: Wissenschaft zu

| Kritik der reinen Vernunft

sein: *Die Mathematik ist von den frühesten Zeiten her, wohin die Geschichte der menschlichen Vernunft reicht, in dem bewundernswürdigen Volke der Griechen den sicheren Weg einer Wissenschaft gegangen. Allein man darf nicht denken, daß es ihr so leicht geworden, wie der Logik, wo die Vernunft es nur mit sich selbst zu tun hat, jenen königlichen Weg zu treffen, oder vielmehr sich selbst zu bahnen; vielmehr glaube ich, daß es lange mit ihr (vornehmlich noch unter den Ägyptern) beim Herumtappen geblieben ist, und diese Umänderung einer Revolution zuzuschreiben sei, die der glückliche Einfall eines einzigen Mannes in einem Versuche zustande brachte, von welchem an die Bahn, die man nehmen mußte, nicht mehr zu verfehlen war, und der sichere Gang einer Wissenschaft für alle Zeiten und in unendliche Weiten eingeschlagen und vorgezeichnet war. Die Geschichte dieser Revolution der Denkart, welche viel wichtiger war, als die Entdeckung des Weges um das berühmte Vorgebirge, und des Glücklichen, der sie zustande brachte, ist uns nicht aufbehalten. Doch beweist die Sage, welche Diogenes der Laertier uns überliefert, der von den kleinsten, und, nach dem gemeinen Urteil, gar nicht einmal eines Beweises benötigten, Elementen der geometrischen Demonstrationen den angeblichen Erfinder nennt, daß das Andenken der Veränderung, die durch die erste Spur der Entdeckung dieses neuen Weges bewirkt wurde, den Mathematikern äußerst wichtig geschienen haben müsse, und dadurch unvergeßlich geworden sei: Dem ersten, der den gleichseitigen Triangel demonstrierte (er mag nun Thales oder wie man will geheißen haben), dem ging ein Licht auf; denn er fand, daß er nicht dem, was er in der Figur sah, oder auch nicht dem bloßen Begriffe derselben nachspüren und gleichsam davon ihre Eigenschaften ablernen, sondern durch das, was er nach den Begriffen selbst a priori hineindachte und darstellte (durch Konstruktion), hervorbringen müsse, und daß er, um sicher etwas a priori zu wissen, er der Sache nichts beilegen müsse, als was aus dem notwendig folgte, was er seinem Begriffe gemäß selbst in sie gelegt hat.*[81]

Dieses Licht, das dem Vater der Mathematik aufging und sie zur Wissenschaft machte, ist nichts anderes als die von Kant aus der Mathematik abstrahierte Formel der synthetischen Urteile a priori. Der Austausch der Perspektiven, durch den der Mathematiker von der Erkenntnis der Gegenstände statt von ihnen selbst ausging und so synthetische Urteile a priori erstmals vollzog, ist als methodischer Trick auf die Metaphysik zu übertragen: *Man versu-*

Kritik der reinen Vernunft

che es daher einmal, ob wir nicht in den Aufgaben der Metaphysik damit besser fortkommen, daß wir annehmen, die Gegenstände müssen sich nach unserer Erkenntnis richten, welches so schon besser mit der verlangten Möglichkeit einer Erkenntnis derselben a priori zusammenstimmt, die über Gegenstände, ehe sie uns gegeben werden, etwas festsetzen soll. Es ist hiermit ebenso, als mit dem ersten Gedanken des Kopernikus bewandt, der, nachdem es mit der Erklärung der Himmelbewegungen nicht gut fort wollte, wenn er annahm, das ganze Sternenheer drehe sich um den Zuschauer, versuchte, ob es nicht besser gelingen möchte, wenn er den Zuschauer sich drehen, und dagegen die Sterne in Ruhe ließ.[82]

Die kopernikanische Wende, abstrakt in der Formel von den synthetischen Urteilen a priori ausgedrückt, hat bei Kant die ter-

Vor Kopernikus galt die Erde als Mittelpunkt des Alls. Holzschnitt aus «Theorica planetarum» von Georg von Peurbach, 1515

minologische Einkleidung *transzendental*. Der Überstieg erfolgt nicht im Sinne einer Transzendenz über die wirklichen Gegenstände hinaus zu auf (platonische oder religiöse) Ideen, sondern ist Rückstieg als Rückbesinnung auf die Bedingungen im Subjekt, die dem erkannten Gegenstand ihre Struktur mitteilen. Transzendental ist somit jede Erkenntnis, die auf Art und Umfang ihrer eigenen Wirkungsweise gerichtet ist und damit nichts anderes als Kritik der Vernunft an sich selbst bedeutet: *Und hier mache ich eine Anmerkung, die ihren Einfluß auf alle nachfolgenden Betrachtungen erstreckt [...], nämlich: daß nicht eine jede Erkenntnis a priori, sondern nur die, dadurch wir erkennen, daß und wie gewisse Vorstellungen (Anschauungen oder Begriffe) lediglich a priori angewandt werden, oder möglich sind, transzendental (d. i. die Möglichkeit der Erkenntnis oder der Gebrauch derselben a priori) heißen müsse.*[83]

Da es nicht Aufgabe der *Kritik der reinen Vernunft* ist, Gegenstände erkennen zu wollen, sondern ihr Gegenstand die Vernunft als Erkenntnismittel ist, taucht sogleich die Frage auf, welche Mittel die Vernunft anwendet, um Erkenntnis zu gewinnen, und wie sie methodisch vorgeht, um diese Erkenntnisse als wissenschaftlich auszuweisen: *In der Metaphysik kann man nun, was die* A n s c h a u u n g *der Gegenstände betrifft, es auf ähnliche Weise versuchen. Wenn die Anschauung sich nach der Beschaffenheit der Gegenstände richten müßte, so sehe ich nicht ein, wie man a priori von ihr etwas wissen könne; richtet sich aber der Gegenstand (als Objekt der Sinne) nach der Beschaffenheit unseres Anschauungsvermögens, so kann ich mir diese Möglichkeit ganz gut vorstellen. Weil ich aber bei diesen Anschauungen, wenn sie Erkenntnisse werden sollen, nicht stehen bleiben kann, sondern sie als Vorstellungen auf irgend etwas als Gegenstand beziehen und diesen durch jene bestimmen muß, so kann ich entweder annehmen, die* B e g r i f f e, *wodurch ich diese Bestimmung zustande bringe, richten sich nach dem Gegenstande, und dann bin ich wiederum in derselben Verlegenheit, wegen der Art, wie ich a priori hiervon etwas wissen könne; oder ich nehme an, die Gegenstände oder, welches einerlei ist, die* E r f a h r u n g, *in welcher sie allein (als gegebene Gegenstände) erkannt werden, richte sich nach diesen Begriffen, so sehe ich sofort eine leichtere Auskunft, weil Erfahrung selbst eine Erkenntnisart ist, die Verstand erfordert, dessen Regel ich in mir, noch ehe mir Gegenstände gegeben werden, mithin a priori voraussetzen muß, welche in Begriffen a priori ausgedrückt wird, nach denen sich also alle Gegenstände der Erfahrung notwendig richten und mit ihnen übereinstimmen müssen.*[84]

In diesen Sätzen ist programmatisch alles enthalten, was in der *transzendentalen Analytik* der *Kritik der reinen Vernunft* entwickelt und aufgeboten wird, den Bereich der Metaphysik als Wissenschaft zu bestimmen und abzugrenzen. Methodisch wird demonstriert, wie es nicht die Gegenstände der Anschauung oder des Verstandes sind, nach denen sich die Erkenntnis richtet, sondern dass die Erkenntnis als Tätigkeit der Verbindung von Anschauung und Begriff in der Reihe der Bedingungen vor den wahrgenommenen und erkannten Gegenständen liegt. Durch diese kopernikanische Wende wird erreicht, dass die Struktur des erkennenden Subjekts a priori die Struktur der erkannten Gegenstände bestimmt.

Aber nicht nur die methodische Bedeutung der kopernikanischen Wende kommt in diesem Zitat zum Ausdruck, sondern auch der wissenschaftlich erkennbare Raum, den die Vernunft als Erkenntnismittel umgrenzt, jener Raum, in dem die Kritik der Vernunft an sich selbst sich selbst das Recht positiven Erkennens nicht absprechen kann. Vermochte die kopernikanische Wende die für die Wissenschaftlichkeit der Metaphysik notwendigen Bedingungen – Allgemeingültigkeit und Notwendigkeit – durch das a priori bereitzustellen, so wird nun, da die Quellen bekannt sind, aus denen Erkenntnis fließt, das Mittel sichtbar, womit synthetisch über die Begriffe hinausgegangen werden kann. Der Versuchung, durch reines Denken Erkenntnis aus reinen Begriffen zu gewinnen, wird dadurch widerstanden, dass Kant in aller Entschiedenheit betont, woraus sich für ihn, für den der Ort der Wahrheit das synthetische Urteil a priori ist, Erkenntnis zusammensetzt. Es sind Anschauung u n d Denken. Der Anschauung werden durch vorhandene Gegenstände Vorstellungen mitgeteilt, die aber noch nicht als Erkenntnis angesprochen werden können, da ihnen der Begriff, die Kategorie des Verstandes, fehlt. Erst der Zusammenschluss beider ermöglicht Erkenntnis im Sinne Kants. (Die Vernunft als Verstand entspricht hier in etwa dem *logischen Verstandesgebrauch* der Dissertation.)

Die Frage nun, was die beiden Quellen der Erkenntnis, Anschauung und Begriff, mit der vorangegangenen Definition der synthetischen Urteile a priori zu schaffen haben, wird nicht auf den ersten Blick deutlich, doch zeigt sich alsbald, dass Anschauung und Begriff nur Elemente des synthetischen Urteils a priori sind. Jedes synthetische Urteil, das sich aus Subjekt und Prädikat zusammensetzt und diese Teile durch eine Copula verbindet, ist ein Verfahren, ein einzelnes Attribut mit einem ihm fremden allgemeinen Begriff, eine individuelle Vorstellung mit einer umfassenden Kategorie zu verbinden. Die aus der Mathematik abstrahierte Form der synthetischen Urteile a priori, die Wissenschaftlichkeit schlechthin bedingt, konkretisiert sich hier im Raum der kantischen Philosophie als Verbindung von Anschauung und Denken, um Erkenntnis, Wissenschaft und Metaphysik als Wissenschaft möglich zu machen.

Das ganze Geschäft der *Kritik der reinen Vernunft* als Begründung der Metaphysik als Wissenschaft – bis zum Ende der *transzendentalen Analytik* – besteht in nichts anderem, als nachzuweisen, wie sich synthetische Urteile a priori als Verbindung von Anschauen und Denken vollziehen lassen. Der erste Teil der *transzendentalen Elementarlehre*, der die *transzendentale Ästhetik* behandelt, hat die Aufgabe, Art und Umfang der Anschauung zu bestimmen, da ohne Anschauung keine Erkenntnis möglich ist: *Auf welche Art und durch welche Mittel sich auch immer eine Erkenntnis auf Gegenstände beziehen mag, es ist doch diejenige, wodurch sie sich auf dieselbe unmittelbar bezieht, und worauf alles Denken als Mittel abzweckt, die Anschauung.*[85]

Mit der Anschauung ist ein Vermögen gegeben, das rezeptiv wirksam wird und von Gegenständen Vorstellungen empfängt, ohne dass es diese Vorstellungen in dem Maße zu verändern und zusammenzufassen vermag, dass daraus bereits Erkenntnis entsteht. Da es aber nicht auf die von der Anschauung wahrgenommenen Vorstellungen ankommt, weil diese beliebig – a posteriori – wechseln können, sondern es nötig ist, wenn Wissenschaftlichkeit erreicht werden soll, auf das a priori zu achten, so geht Kants Bestreben darauf, die Anschauung auf ihre Struktur hin zu untersuchen, da diese Struktur allen sinnlich wahrgenommenen Gegenständen im Akt der Anschauung mitgeteilt wird.

Als reine Formen der Anschauung ermittelt Kant Raum und Zeit, die – entsprechend der Dissertation – sich nur dadurch unterscheiden, dass der Raum der äußere, die Zeit der innere Sinn ist.

Der Raum ordnet alles Gegebene nebeneinander, die Zeit nachein-
ander, ohne dass beide selbst räumlich oder zeitlich erscheinen, da
sie der Grund der Möglichkeit aller von der Anschauung wahrgenommenen Vorstellungen sind. Der Zeit fällt zudem noch die umfassende Aufgabe zu, die reine Anschauung in ihrer Gesamtheit zu
vollziehen, während der Raum auf die äußere Anschauung be-
grenzt bleibt: *Die Zeit ist die formale Bedingung a priori aller Erscheinungen überhaupt. Der Raum, als die reine Form aller äußeren Anschauung, ist als Bedingung a priori bloß auf äußere Erscheinungen eingeschränkt.*[86]

Mit Raum und Zeit hat Kant den einen Teil des synthetischen
Urteils a priori geliefert. Abschließend fasst er das Ergebnis der
transzendentalen Ästhetik zusammen, indem er darauf hinweist,
dass Erkenntnis, die an das synthetische Urteil gebunden ist, stets
der Anschauung bedarf, weshalb Metaphysik als Wissenschaft nie
weiter als der Raum der reinen Anschauung reichen kann: *Hier
haben wir nun eines von den erforderlichen Stücken zur Auflösung der
allgemeinen Aufgabe der Transzendentalphilosophie: wie sind synthetische Sätze a priori möglich? nämlich reine Anschauungen
a priori, Raum und Zeit, in welchen wir, wenn wir im Urteile a priori
über den gegebenen Begriff hinausgehen wollen, dasjenige antreffen, was
nicht im Begriffe, wohl aber in der Anschauung, die ihm entspricht,
a priori entdeckt werden und mit jenem synthetisch verbunden werden
kann, welche Urteile aber aus diesem Grunde nie weiter, als auf Gegenstände der Sinne reichen, und nur für Objekte möglicher Erfahrung gelten können.*[87]

Das von Kant verworfene Verfahren der Dogmatiker bestand
darin, dass reines Denken beanspruchte, Erkenntnis zu sein, ohne
doch auf die zur Erkenntnis notwendige Anschauung zurückgrei-
fen zu können. (In der *Kritik der reinen Vernunft* hat damit Kant den
Standpunkt der Dissertation, dass auch durch den reinen, *realen
Verstandesgebrauch* Erkenntnis in positiver Bedeutung gewonnen
werde, verlassen und Erkenntnis als wissenschaftlich gesicherte
Erfahrung auf den Raum der synthetischen Urteile a priori eingeschränkt.) Wie das Prädikat im Urteil mit dem Subjekt synthetisch
verbunden werden soll, so auch das Denken aus reinen Begriffen
mit den reinen Formen der Anschauung, auf dass durch diese Verbindung das synthetische Urteil a priori möglich werde. Das Ver-

mögen der Begriffe aber ist der *Verstand,* dessen Funktion im *Denken* und *Urteilen* ausgeschöpft werden muss, wenn er als Funktion
der Vernunft in den Grenzen seiner Wirksamkeit erkannt und auf
die Arbeit des Erkennens eingeschränkt werden soll. Da Kant von
den synthetischen Urteilen a priori ausgeht, zugleich aber den
Umfang der Wirksamkeit des Verstandes bestimmen will, um dessen Missbrauch als Vernunft zu vermeiden, ist es notwendig,
nachzuprüfen, wie weit der Verstand über seine Funktion im Urteil hinaus wirksam wird. Dabei stößt Kant auf den erfreulichen
Fund, dass sich alle Tätigkeit des Verstandes im Urteil erschöpft:
*Die Funktionen des Verstandes können also insgesamt gefunden werden,
wenn man die Funktionen der Einheit in den Urteilen vollständig darstellen kann.*[88]

Die *logische Funktion des Verstandes in Urteilen*[89] wird dadurch
ermittelt, dass man das Urteil in seine Elemente und in die Arten,
nach denen es vollzogen werden kann, zerlegt, wobei eine überzeugende Vollständigkeit erreicht wird, da das Urteil in seinen
Vollzugsmöglichkeiten überblickbar ist:

I.

QUANTITÄT DER URTEILE

Allgemeine
Besondere
Einzelne

2.

QUALITÄT

Bejahende
Verneinende
Unendliche

3.

RELATION

Kategorische
Hypothetische
Disjunktive

4.

MODALITÄT

Problematische
Assertorische
Apodiktische[90]

Der Leitfaden des Urteils, der der Schlüssel war, das gesamte Vermögen des Verstandes aufzuhellen und auszuschöpfen, ist nun auch vom Urteil ausgehend der Wegweiser, die Tätigkeiten des Verstandes oder seine Kategorien in ihrer Vollständigkeit aufzufinden:

I.

DER QUANTITÄT

Einheit
Vielheit
Allheit

2.

DER QUALITÄT

Realität
Negation
Limitation

3.

DER RELATION

der Inhärenz und Subsistenz
(substantia et accidens)
der Kausalität und Dependenz
(Ursache und Wirkung)
der Gemeinschaft
(Wechselwirkung zwischen dem
Handelnden und Leidenden)

4.

DER MODALITÄT

Möglichkeit – Unmöglichkeit
Dasein – Nichtsein
Notwendigkeit – Zufälligkeit[91]

Indem Kant die Kategorien als reine Verstandesbegriffe bereitstellt, hat er das Prädikat zum synthetischen Urteil a priori geliefert, da der reine Verstandesbegriff weder mit der Sinnlichkeit verbunden ist noch als abgeleiteter Begriff angesprochen werden kann.

In der Vorarbeit zum synthetischen Urteil a priori sind nun die beiden Urteilselemente, reine Anschauung und reiner Begriff, bereitgestellt, sodass lediglich die Aufgabe bleibt, ihre Synthesis

| Kritik der reinen Vernunft

zu vollziehen. Diese Synthesis aber hat zur Voraussetzung, dass sich die Elemente des Urteils streng unterscheiden und keinerlei Verbindung miteinander haben, damit die Gefahr eines analytischen Urteils vermieden wird. Zugleich aber besteht die Notwendigkeit, soll das synthetische Urteil a priori gelingen, eine Verbindung durch die Copula herzustellen, da es einen Weg geben muss, auf dem nachgewiesen wird, welcher Begriff für welche Anschauung zuständig ist. Diese Aufgabe der Synthese bei durchgehaltener Differenz der Urteilselemente löst Kant in der *transzendentalen Deduktion der reinen Verstandesbegriffe*[92], von der er selbst gesteht, dass hier die Schwierigkeiten des Werks liegen, die er in zweifachem Anlauf – in den Ausgaben von 1781 und 1787 – zu überwinden suchte.

Alle weiteren Abschnitte der *transzendentalen Analytik*, besonders *die Analytik der Grundsätze (transzendentale Doktrin der Urteilskraft)*[93] sind mit der Aufgabe beschäftigt, den kontinuierlichen Übergang von Anschauung und Denken so verständlich darzulegen, dass ihre Verbindung einsichtig wird, zugleich aber ihre Differenz gewahrt bleibt, um eine wirkliche Synthese als Verbindung von zwei heterogenen Elementen zu ermöglichen. Für den Vollzug dieses Übergangs, der sich als Annäherung von Anschauen und Denken realisieren muss, führt Kant eine Anzahl von Vermögen ein – Einbildungskraft, Urteilskraft, Apprehension, transzendentale Apperzeption –, um die Synthese des Urteils a priori zu vollziehen und Metaphysik als Wissenschaft, die jeder Kritik an der Vernunft standhält, zu begründen.

Mit dem Nachweis, dass der Philosophie synthetische Urteile a priori möglich sind und sie daher den sicheren Gang einer Wissenschaft gehen kann, ist die *Kritik der reinen Vernunft* in positiver Rücksicht abgeschlossen. Es ist der Bezirk genau umgrenzt, in dem die Vernunft positiv als Erkenntnisfunktion durch die Verstandestätigkeit wirksam wird. Die Vernunft als Verstand trägt nur dann zur Wahrheitsfindung bei, wenn sie auf Anschauung bezogen ist und mit dieser zusammen Erkenntnis ermöglicht. Wird die Vernunft aus sich selbst tätig, ohne noch eine Verbindung mit der Anschauung zu unterhalten, so kann das, was sie zu erkennen vorgibt, nicht mehr als gesicherte Erkenntnis angesehen werden. Womit der Standpunkt der Dissertation verlassen ist, auf dem noch eine

Immanuel Kant. Farbdruck nach einer 1789 entstandenen Zeichnung von Hans Schnorr von Carolsfeld

positive Erkenntnis aus reiner Vernunft ohne Bezug zur Sinnenwelt möglich erschien.

Jetzt, in der *Kritik der reinen Vernunft*, ist der Raum der Wahrheit und Erkennbarkeit auf den Wirkungsbereich der Anschauung und des auf sie bezogenen Verstandes eingeschränkt; über jene Grenze hinaus öffnet sich das weite, ungesicherte und unabsehbare Reich des Scheins, der Dialektik, der *negativen Erkenntnis*: *Wir haben jetzt das Land des reinen Verstandes nicht allein durchreist, und jeden Teil davon sorgfältig in Augenschein genommen, sondern es auch durchmessen, und jedem Dinge auf demselben seine Stelle bestimmt. Dieses Land aber ist eine Insel, und durch die Natur selbst in unveränderliche Grenzen eingeschlossen. Es ist das Land der Wahrheit (ein reizender Name), umgeben von einem weiten und stürmischen Ozeane, dem eigentlichen Sitze des Scheins, wo manche Nebelbank, und manches bald wegschmelzende Eis neue Länder lügt, und indem es den auf Entdeckungen herumschwärmenden Seefahrer unaufhörlich mit leeren Hoffnungen täuscht, ihn in Abenteuer verflechtet, von denen er niemals ablassen und sie doch auch niemals zu Ende bringen kann.*[94]

Der Ozean, der die Insel der Wahrheit umfasst, wird von der Vernunft befahren in alle Himmelsrichtungen, da es in ihrem Wesen liegt, der Dialektik, der *Logik des Scheins* notwendig zu verfallen: *Es gibt also eine natürliche und unvermeidliche Dialektik der reinen Vernunft, nicht eine, in die sich etwa ein Stümper, durch Mangel an Kenntnissen, selbst verwickelt, oder die irgendein Sophist, um vernünftige Leute zu verwirren, künstlich ersonnen hat, sondern die der menschlichen Vernunft unhintertreiblich anhängt, und selbst, nachdem wir ihr Blendwerk aufgedeckt haben, dennoch nicht aufhören wird, ihr vorzugaukeln.*[95]

Der Aufbau der menschlichen Erkenntnis vollzieht sich nun in der Weise stufenförmig, dass die Anschauung Vorstellungen empfängt, die vom Verstand, dem Vermögen der Regeln, geordnet werden, sodass durch das Denken eine *Vorstellung der Vorstellung*[96] entsteht. Die Tätigkeit des Verstandes als Funktion der Vernunft im weiteren Sinn wird erhöht durch die Vernunft im engeren Sinn, die reine Vernunft, das *Vermögen der Prinzipien*[97], die die Vorstellungen des Verstandes zur Einheit bringt, durch eine Synthese, die so radikal ist, dass bis zur letzten Einheit oder bis zum Absoluten fortgeschritten wird: *Vernunftbegriffe dienen zum Begreifen, wie Verstandesbegriffe zum Verstehen (der Wahrnehmungen). Wenn sie das Unbedingte enthalten, so betreffen sie etwas, worunter alle Erfahrung gehört, welches selbst aber niemals ein Gegenstand der Erfahrung ist.*[98] Die Einheit, die erreicht wird, wenn die Vorstellungen des Verstandes zur Einheit gebracht werden, ist die Vorstellung oder der Begriff der reinen Vernunft, auch Idee oder gar Ideal genannt. Da nicht nur die Anschauung, sondern auch die Kategorie des Verstandes auf Einheit hin überschritten wird, so ist diese Vorstellung, die der reinen Vernunft entspringt, nicht mehr in der Erfahrung vorfindbar, damit nicht erkennbar, somit auch nicht Wahrheit, eben eine Idee, die als Irrtum bezeichnet werden muss, wenn sie als wirklicher Gegenstand bewertet werden will.

Der Vernunft ist wesenhaft eigentümlich, von den Vorstellungen des Verstandes fortzuschreiten hin auf eine Einheit, die nicht erkennbar ist. Konkret vollzieht sich dieser Regressus und Progressus durch einen unendlichen Fragevollzug, indem beispielsweise von einer Ursache zu ihrer Wirkung, von dieser als Ursache zu einer folgenden Wirkung vor- und zurückgeschritten wird, um im Unendlichen einen absoluten Ruhepunkt zu finden und damit die lange Kette der Bedingungen als Einheit zu empfinden. Der Verstand vermag die einzelnen Glieder ohne Zusammenhang vorzustellen und zu erkennen; die Vernunft jedoch drängt notwendig über den Bereich des erkennenden Verstandes hinaus auf die Einheit des Ganzen – zwar ohne sie erkennen zu können, sie jedoch vorstellend als notwendigen Abschluss, auch wenn dieser, da unerkennbar, reines Phantom bleibt.

Die Vernunftideen, die über den Raum der Erfahrung hinausdrängen, gliedert Kant in drei Gruppen – gemäß der klassischen Einteilung der Metaphysik in Psychologie, Kosmologie und Theologie. Alle einzelnen Akte des Erkennens werden von einem Selbst vollzogen, das jedoch in fortschreitendem Prozess nicht zur Einheit kommt, sondern dessen Verstand in Verbindung mit der Anschauung nur die einzelnen Erkenntnisakte vollzieht. Die Anzahl der vollzogenen und noch zu leistenden Akte in die Einheit einer Idee zu bringen, erreicht die Vernunft dadurch, dass sie den Begriff der Seele einführt. Ähnlich verfährt die Vernunft auf kosmologischem Gebiet, indem sie von Ursache zu Ursache vor- und zurückschreitet, um einen ersten und einen letzten Grund der Welt als Idee zu finden. Wie die inneren und äußeren Erscheinungen Anfang, Ende und Einheit haben müssen, so das Gesamt der Wirklichkeit, gedacht in der Idee des vollkommensten Wesens (ens realissime), eines Ideals, das auch Gott genannt werden kann.

Die vorkantische Philosophie war in ihrer unkritischen Haltung bemüht gewesen, als rationale Psychologie, Kosmologie und Theologie über die Ideen zu handeln, als ob sie über Wirklich-

Kritik der reinen Vernunft

keiten verfüge. Beispielsweise schloss man aus der Einheit und Einfachheit der Seele auf ihre Unzerstörbarkeit, sodann auf ihre Unsterblichkeit, etwa wenn Leibniz die Seele als Monade oder einfache Substanz verstand, die zwar einer Metamorphose, nicht aber einer Metempsychose oder gar eines Untergangs fähig sei.

Um die vorkritische Philosophie und ihre reinen Ideen in ihrem Wahrheitsanspruch zu kompromittieren, verfährt Kant in der Weise, dass er Aussagen über die reinen Ideen einander gegenüberstellt, die sich nicht an Beweiskraft nachstehen, einander aber dennoch widersprechen. Die Fehlschlüsse, zu denen die rationale Psychologie neigt, sind die *Paralogismen*[99] der Vernunft, Sätze, die sich widersprechen, ohne sich widerlegen zu können. Auch die rationale Kosmologie kennt diese Widersprüche, *Antinomien*[100] genannt, deren überzeugendster Widerspruch darin besteht, dass sich Freiheit und Kausalität gegenüberstehen. Verfolgt man die Kette der Kausalität von Glied zu Glied, so kann man an deren Anfang und Ende ein nicht mehr verursachtes Glied setzen, somit auch Einheit der Kette und einen nicht der Kausalität unterworfenen Anfang, also Freiheit. Ebenso beweiskräftig ist die Behauptung, die Kette von Ursache zu Ursache verliere sich im Unendlichen – ad infinitum –, es existiere keine Freiheit, und alles Geschehen sei der Kausalität unterworfen.

In einer Wissenschaft von Gott hatte die rationale Theologie ein System von Aussagen errichtet, deren Wahrheitsgehalt insofern der Beliebigkeit anheim fallen musste, als ihr Gegenteil mit derselben logischen Standfestigkeit verteidigt werden konnte. Ob Gott wirklich existiere, das setzte zwar die wissenschaftliche Theologie als erwiesen voraus, ohne doch das Gegenteil einer möglichen Nichtexistenz verneinen zu können, da beide Behauptungen bereits den Raum der Erkennbarkeit und Wissenschaftlichkeit verlassen. Kant hatte noch in der frühen Schrift *Einzig möglicher Beweisgrund zu einer Demonstration des Daseins Gottes* den ontologischen Gottesbeweis als wahrhafte Möglichkeit betrachtet, der Wirklichkeit Gottes mit der Vernunft habhaft zu werden. Hier, in der kritischen Hauptschrift, ist das Ideal als Ideal erkannt und seines Wirklichkeitsanspruchs entkleidet, sodass für Kant nicht länger die Idee Gottes, mag er auch als höchstes Wesen gedacht werden, seine Wirklichkeit einschließt.

Kants Silhouette auf einem Albumblatt für Pfarrer Stein in Juditten, 1788

Auch die anderen Gottesbeweise werden widerlegt, doch in der Weise, dass sie – der kosmologische und der physiko-theologische – auf den ontologischen zurückgeführt werden. Der berühmte ontologische Beweis wird mit den ebenso berühmten Worten zerstört: *Es ist also an dem so berühmten ontologischen (Cartesianischen) Beweise, vom Dasein eines höchsten Wesens, aus Begriffen, alle Mühe und Arbeit verloren, und ein Mensch möchte ebensowenig aus bloßen Ideen an Einsichten reicher werden, als ein Kaufmann an Vermögen, wenn er, um seinen Zustand zu verbessern, seinem Kassenbestande einige Nullen anhängen wollte.*[101] Von diesem kritischen Schlag hat sich die spekulative Theologie – trotz Hegel – nicht wieder erholt. Auf Kant geht zurück, dass es heute ein belächelter Anachronismus ist, Gott beweisen zu wollen.

Es läge nun nahe, sich mit dem negativen Ergebnis über den Wahrheitsgehalt der Ideen, nämlich dass sie nichts Wirkliches erkennen, zu begnügen. Kritik als Kritik der reinen Vernunft besteht auch vor allem in dem Abwehrkampf gegen die Tradition, in dem berechtigten Bemühen, den Ideen ihren Anspruch, dass sie unmittelbar Wirkliches erkennen, abzusprechen. Kann überzeugend nachgewiesen werden, dass die reine Vernunft, wenn sie das Gebiet der Erkenntnis verlässt, sich in den Irrtum verliert, so wird zumindest durch diese Kenntnis das traurige Schicksal der bisherigen Metaphysik vermieden.

Bedenkt man jedoch die einleitenden Worte der *Kritik der reinen Vernunft*, dass es ihr wesenhaft eigen ist, sich diesen Ideen zuzuwenden, so bleibt zu fragen, ob es das tragische Schicksal der Vernunft ist, mit einem Hang zum Irrtum ausgestattet zu sein. Wenn sie den Anspruch aufgibt, in den Ideen wirkliche Erkenntnis vorzufinden, kann die Idee, abgesehen von dieser negativen Bedeutung, dennoch positiv betrachtet werden als Hang der Vernunft, die Erkenntnis zur Einheit zu bringen. Jetzt ist es nicht mehr Aufgabe der Ideen, für die Konstitution eines Gegenstandes verbindlich zu sein, sondern die Regeln des Verstandes bis hin auf eine absolute Einheit zu verfolgen.

Die reinen Ideen sind nicht länger – wie Kant sagt – *konstitutiv*, sondern *regulativ* [102], nicht länger auf Wirkliches gerichtet, sondern auf Mögliches und Erforderliches, nämlich auf die Einheit und den Zielpunkt der gesamten Erkenntnis, die es anzustreben gilt, ohne dass die Idee selbst mehr als die Richtung – regulativ – anzugeben vermag. Der Zielpunkt selbst bleibt Norm, wird im Erkennen nicht erfasst, dennoch als Ideal gedacht und somit als möglich, wenn auch nicht als wirklich hypostasiert. Die Seele in ihrer Unsterblichkeit als Substanz, die Freiheit in ihrer Unabhängigkeit von der Kausalität und Gott als die höchste Einheit des Wirklichen sind Ideen, Ziele, Richtungen, die angestrebt werden sollen und in dieser Bedeutung von Kant als positiv bezeichnet werden.

Hier, im Raum der reinen Vernunft, fernab vom Eiland der wissenschaftlichen Erkenntnis, doch in einem Bezirk, den die Vernunft notwendig aufsuchen muss, ist Raum für Glaube und Ethik, deren Objekte weder erkannt werden können noch sollen, deren Anspruch darum aber nicht weniger unbedingt ist. Folgerichtig schloss sich daher an die *Kritik der reinen Vernunft* im Jahre 1788 die *Kritik der praktischen Vernunft* an, nachdem 1783 die *Prolegomena* herauskamen und auch bereits 1785 die *Grundlegung zur Metaphysik der Sitten* erschienen war, die zur *Kritik der praktischen Vernunft* hinführt.

Doch bevor sich Kant der Ethik und der weiteren Ausarbeitung seines Systems zuwandte, beobachtete er aufmerksam das

Echo auf seine Hauptschrift, das allerdings zunächst völlig ausblieb. Erst etwa ein Jahr nach dem Erscheinen der *Kritik der reinen Vernunft*, am 19. Januar 1782, erschien in den «Göttinger Anzeigen von gelehrten Sachen» eine Besprechung, die anonym von Christian Garve, einem ernsthaften geistvollen Popularphilosophen, verfasst war und zudem noch in verstümmelter Form abgedruckt wurde. Garve betrachtete das Werk als Wiederholung und Erneuerung der Ideen des englischen Denkers George Berkeley, ein Missverständnis, das auf Kant nicht ohne Eindruck blieb, sodass er den Plan fasste, eine gemeinverständliche Darstellung der *Kritik der reinen Vernunft* folgen zu lassen. Denn das Schweigen der Fachgenossen beruhte nicht allein auf der Lethargie ihres Denkens, sondern auch auf der *Dunkelheit* des Werkes selbst, die von Kant offen eingestanden und mit *Schwierigkeiten*[103] entschuldigt wurde. Um diesen gerechten Vorwürfen zu begegnen, verfasste er 1783 die *Prolegomena zu einer jeden künftigen Metaphysik, die als Wissen-*

«Prolegomena».
Titelblatt der
Erstausgabe, 1783

schaft wird auftreten können. Nach deren Erscheinen lüftete auch Garve sein Inkognito, bekannte sich zum Denken Kants und blieb dem Königsberger Philosophen im Briefwechsel freundschaftlich verbunden.

Mit den *Prolegomena* war der Bann gebrochen. Die Gedanken der *Kritik der reinen Vernunft*, die hier pädagogisch handlich geboten werden, verbreiteten sich jetzt schnell und allgemein in philosophischen Fachkreisen. Ein Kollege Kants an der Königsberger Universität, Johann Schultz, Hofprediger und Lehrer der Mathematik, schrieb «Erläuterungen zu Kants Kritik der reinen Vernunft», eine Arbeit, die 1785 erschien und besonders dadurch ausgezeichnet ist, dass sie in unmittelbarer Absprache mit Kant und ganz in seinem Sinne entstand.

Die Zahl der Anhänger, die sich nun herandrängten, wuchs ständig. Ein Philologe und Philosoph aus Jena, Professor der Beredsamkeit, Christian Gottfried Schütz, verstieg sich bereits am 10. Juni 1784 zu der Äußerung, dass er bei der Lektüre der *Kritik der reinen Vernunft* das Verlangen gespürt habe, einzelne Stellen zu «adorieren» (anzubeten). Er bat den Autor um Mitarbeit an der von ihm und dem Juristen Gottfried Hufeland, ebenfalls einem Anhänger Kants, herausgegebenen «Jenaischen Literaturzeitung». Kant erklärte sich bereit und schickte 1785 als ersten Beitrag eine Besprechung von Herders «Ideen zu einer Philosophie der Geschichte der Menschheit», die sodann die jahrelange Entfremdung zwischen beiden auslöste.

Damit war die kantische Philosophie bis nach Jena gedrungen, wo sie von Karl Leonhard Reinhold entscheidende Unterstützung erfuhr. Reinhold, 1758 geboren, war Österreicher und Katholik, hatte lange als Barnabitermönch in einem Kloster bei Wien gelebt, sich aber allmählich immer mehr den Ideen der Aufklärung unter Joseph II. zugewandt und schließlich das Kloster und Österreich verlassen. Nach Irrfahrten erreichte er Jena, wurde dort der Freund und Schwiegersohn Wielands und gab mit ihm gemeinsam den «Teutschen Merkur» heraus, eine der angesehensten und verbreitetsten Zeitschriften. Im Herbst 1786 begann er in dieser Zeitschrift mit seinen «Briefen über die kantische Philosophie», deren Wirkung außerordentlich war. Klar und einprägsam wurden die neuen Gedanken verkündet und zugleich einer weiten, nicht rein philosophischen Leserschaft mitgeteilt, da die Zeitschrift vor allem für literarische Kreise bestimmt war. Zur Wirkung dieser «Briefe» gehörte, dass Reinhold als Professor der Philosophie an die Universität Jena berufen wurde, wo er von 1787 bis 1794 eine glänzende akademische Wirksamkeit entfaltete. Aber auch an den anderen Universitäten wurde die kantische Philosophie alsbald heimisch, sodass um 1790 Kants Gedanken in Deutschland allgemein an protestantischen wie katholischen Universitäten verbreitet waren. Doch Jena blieb das Zentrum seiner Ausstrahlungskraft, mit Reinhold, Christoph Wilhelm Hufeland, dem Philologen Christian Gottfried Schütz (dem Herausgeber der «Allgemeinen Literaturzeitung») und Schiller.

Der Bericht über die Wirkung der *Kritik der reinen Vernunft* ist vorausgeeilt in jene Zeit, da bereits auch andere Schriften der kantischen Philosophie vorlagen. Dennoch aber bedeutete die *Kritik der reinen Vernunft* den Durchbruch des eigenen Denkens, dessen weitere systematische Ausgestaltung nur eine Frage der Kraft sein konnte, die dem Philosophen, der sich bereits dem Alter näherte,

Karl Leonhard Reinhold. Punktierstich von C. Ermer, 1825, nach einem Gemälde von Peter Copmann, 1820

noch blieb. Kant hat deshalb auch nur so lange tatkräftig und interessiert der Verbreitung seiner Gedanken Aufmerksamkeit zugewendet, bis sie allgemeine Anerkennung gefunden hatten. Von ihrer Richtigkeit überzeugt, war es ihm genug, sie verstanden zu sehen, sodass er sich nun dem eigenen Denkgebäude derart ausschließlich zuwandte, dass es ihm unmöglich wurde, die Gedanken anderer Denker zu verstehen und zu würdigen.

Mit dem Hauptwerk der *Kritik der reinen Vernunft* hat Kant jedoch nicht zugleich den höchsten Punkt seines Systems, der Architektur der reinen Vernunft, geliefert. Die *Kritik der reinen Vernunft* umriss und beschrieb den Raum der Erfahrung, den Bereich der Metaphysik, soweit sie als wissenschaftlich erfassbar bezeichnet werden kann, und wies nur andeutend – regulativ – darüber hinaus in die Zone der reinen Spekulation. Die Vernunft, als Verstand zum Zweck der Erkenntnis an die Erscheinung gebunden, aber ist als *eine und dieselbe*[104] wirksam in der Hinwendung zum Bereich der Ideen, der die Erfahrung übersteigenden Zielpunkte des Denkens, die die Vernunft «notwendig» – ihrer Natur gemäß – fordert.

Von dem, was die reine Vernunft, wenn sie den Raum der Erkennbarkeit überschreitet, an Ideen erzeugt oder auch wahrnimmt, kann nicht mehr als von Erkenntnis im wissenschaftlichen Sinne gesprochen werden. Über diese negative Kennzeichnung hinaus, durch die die *theoretische Vernunft* in ihrer Wirksamkeit auf Wissenschaftlichkeit eingeschränkt ist, kann die Vernunft in *praktischer* Absicht positiv werden, nicht gerichtet auf die Faktizität einer Erscheinung, sondern ausgerichtet auf den Zielpunkt einer ethischen Norm. In diesem Bereich der reinen Ideen eröffnet sich positiv das Reich der Moral: *Grundlegung zur Metaphysik der Sitten* (1785). In Umrissen ist hier bereits das ganze ethische System entwickelt; der Denkweg beginnt bei dem populären Vorstellungsgehalt der ethischen Normen, um sich sodann in kritischer Selbstbesinnung dem Fundament, der *Grundlegung zur Metaphysik der Sitten*, zuzuwenden.

Ähnlich wie in der *Kritik der reinen Vernunft*, in der die Suche auf die synthetischen Sätze a priori gerichtet ist, bemüht sich Kant auch im Bereich der praktischen Vernunft, den Nachweis zu erbringen, dass es ethische Normen gibt, die a priori – vor aller Erfahrung und für alle Menschen gleichermaßen verbindlich – gelten. Jeder einzelne Mensch mag seinem Glück a posteriori, das heißt individuell, nachjagen und seine persönlich berechtigten Motive dafür haben, sein Streben kann sich nicht als allgemein verbindliche Norm ausweisen. A priori ist daher nur eine ethische Norm, die von allen subjektiven und aus der Erfahrung genommenen Glücksvorstellungen abstrahiert. Die Negation der «Eudaimonie», des Strebens nach Glückseligkeit, das aller vorausgegangenen Philosophie ein Axiom der Ethik zu sein schien (niedergeschlagen nicht zuletzt in den «Menschenrechten»), ist der Aufstieg in das Reich der Ideen, des Noumenalen, in dem das Gesetz der Pflicht a priori notwendig und allgemein gilt.

Der Aufklärung eines Christian Thomasius, dem noch Tugend und «Vergnügen» synonym waren, wird hier die Gefolgschaft aufgekündigt, so radikal und «rigoros», dass Schiller mit dem Begriff «Anmut» (in «Über Anmut und Würde») einen Vermittlungsversuch zwischen Vernunft und Sinnlichkeit unternimmt: «Wo das moralische Gefühl Befriedigung findet, da will das ästhetische nicht verkürzt sein, und die Übereinstimmung mit einer Idee darf in der Erscheinung kein Opfer kosten.»[105] Goethe, dessen Nathalie in «Wilhelm Meister» unmittelbar von Schiller und mittelbar von Kant bestimmt ist, und Schiller, der Kant, dem «Rigoristen der Moral»[106], die «Mündigkeit» zu einer «höheren Harmonie»[107] entgegensetzt, bemühen sich um eine neue Einheit von Ethik und Ästhetik. Besonders Schiller setzt sich auch theoretisch in mehreren Schriften mit der Philosophie Kants auseinander und versucht, in der «Idee der Menschheit»[108] beide zur endgültigen und vollkommenen Verschmelzung zu bringen: «In einer schönen Seele ist es also, wo Sinnlichkeit und Vernunft, Pflicht und Neigung harmonisieren, und Grazie ist ihr Ausdruck in der Erscheinung.»[109] Im Jahre 1787, dem Erscheinungsjahr der *Kritik der praktischen Vernunft*, manifestiert sich zugleich der rein sinnliche, antikantische Kontrapunkt im «Ardinghello» Heinses, den Schiller in seiner Schrift «Über naive und sentimentalische Dichtung» als «eine sinnliche Karikatur ohne Wahrheit und ohne ästhetische Würde», als Beispiel «des beinahe poetischen Schwunges, den die bloße Begier zu nehmen fähig»[110] sei, anführt.

Dagegen ist Kant – aus der Sicht Schillers – ein moralischer

«Drakon». Eine Handlung, der als Ziel die Glückseligkeit fehlt, die ferner nicht auf einen konkreten (a posteriori gegebenen) Zweck gerichtet ist, reduziert sich zu einer Tat, die nur formell den Anforderungen eines Gesetzes genügt. Das ist der strenge Begriff der kantischen – oder auch «preußischen» – Pflicht: *Handle nur nach derjenigen Maxime, durch die du zugleich wollen kannst, daß sie ein allgemeines Gesetz werde.*[111] Diese Definition des berühmten *kategorischen Imperativs* ist die einzige und allein verbindliche Norm der kantischen Ethik, rein formal und so abstrakt, dass sie sich jeder Materie enthält, dennoch aber für jede Handlung in der Materie und Erfahrung verbindlich ist. Auf dieses Gesetz ist die praktische Vernunft durch und in sich selbst gekommen, es ist der höchste Gipfel, den die Vernunft überhaupt zu erreichen vermag, und dieser liegt in ihr selbst. Sie als praktische Vernunft in ihrer Reinheit gibt sich ohne einen nach außen gerichteten Zweck das Gesetz, gesetzlich zu handeln, sich und nichts anderes zum letzten Zweck ihrer Gesetzgebung anzusehen: *Der Mensch und überhaupt jedes vernünftige Wesen e x i s t i e r t als Zweck an sich selbst, n i c h t b l o ß a l s M i t t e l zum beliebigen Gebrauche für diesen oder jenen Willen, sondern muß in allen seinen sowohl auf sich selbst, als auch auf andere vernünftige Wesen gerichteten Handlungen jederzeit z u g l e i c h a l s Z w e c k betrachtet werden.*[112]

> **Der kategorische Imperativ**
> Der kategorische Imperativ ist also nur ein einziger, und zwar dieser: handle nur nach derjenigen Maxime, durch die du zugleich wollen kannst, daß sie ein allgemeines Gesetz werde.
> Immanuel Kant, Grundlegung zur Metaphysik der Sitten. Riga, bey Johann Friedrich Hartknoch, 1785

Zu diesem Gesetz, das dem Menschen Pflicht ist, denn es wird ihm durch die eigene Vernunft unmittelbar vorgeschrieben, steht in Widerspruch die *Neigung,* deren Ziel die Glückseligkeit und der individuelle Genuss sind. Zwischen beide sich möglicherweise, wenn auch nicht notwendig widersprechenden Antriebsfedern ist der Mensch in seiner ethischen Entscheidung gestellt, frei durch seinen Willen, beiden Seiten zu folgen, doch in dem Maße frei, wie er sich entschließt, seine Unabhängigkeit gegenüber den Neigungen zu behaupten und aus *Achtung* dem Gesetz in seiner *Würde* zu folgen. Voraussetzung dafür ist die *Freiheit,* die Fähigkeit zur Befolgung der Norm, deren Möglichkeit für Kant durch das Gesetz gegeben ist: *Man muß wollen können, daß eine Maxime unserer Handlung ein allgemeines Gesetz werde.*[113]

Die Neigung, die den Willen a posteriori antreibt und ihr Motiv – kantisch: ihre *Triebfeder*[114] – aus der Erfahrung nimmt, macht ihn, den Menschen, der seiner Glückseligkeit nachfolgt, zu einem reinen *Naturwesen,* das seiner Freiheit verlustig zu gehen droht, weil es sich rein nach Naturgesetzen verhält. Die Idee der Freiheit muss daher, um den Nachweis ihrer Realität zu bringen, die Natur übersteigen in *praktischer Absicht,* sodass sich Kausalität und Freiheit, um einander nicht sinnlos zu widersprechen (wie in den «Aporien» der theoretischen Vernunft), auf zwei verschiedene Ebenen verlagern müssen, die Kausalität auf den Bereich der Natur, die Freiheit und Moral auf den der reinen Spekulation: *Daher ist Freiheit nur eine Idee der Vernunft, deren objektive Realität in sich zweifelhaft ist, Natur aber ein Verstandesbegriff, der seine Realität an Beispielen der Erfahrung beweiset und notwendig beweisen muss.*[115]

Mit dieser Schrift war das Fundament der Ethik gelegt, mochte auch die Ausarbeitung des Systems weitere Werke erfordern. Auf die *Grundlegung* aus dem Jahre 1785 folgte daher zwei Jahre später, im selben Jahr, da Kant die zweite Auflage der *Kritik der reinen Vernunft* mit einigen Änderungen herausgab, die *Kritik der praktischen Vernunft.* Nicht nur durch den formalen Aufbau lehnt sich die zweite kritische Hauptschrift an die *Kritik der reinen Vernunft* an, sondern auch inhaltlich bedeutet das Werk die unmittelbare Fortsetzung der ersten Kritik, wobei die Verbindung zwischen beiden Schriften so eng ist, dass Kant 1787 mit dem Gedanken spielte, den Gehalt der *Kritik der praktischen Vernunft* als Erweiterung und Vollendung in die zweite Auflage der *Kritik der reinen Vernunft* einzubauen. Dagegen gedieh der Gedanke einer *Kritik der praktischen Vernunft* in ihrer Unabhängigkeit sehr bald zu einer Verwirklichung des Planes und beschäftigte den Philosophen 1787 so sehr, dass die Veränderungen an der *Kritik der reinen Vernunft* unter dem Aspekt der Arbeit an der ethischen Schrift gesehen werden müssen.

Die *Kritik der praktischen Vernunft* ist nun die Explikation und kritische Sichtung jener Gedanken, die bereits in der *Grundlegung* vorgelegt wurden. Zunächst bemühte sich Kant, die Vernunft in ihrer praktischen Funktion als eigenständig in Abgrenzung gegen

Immanuel Kant. Anonymes Gemälde, um 1790

ihren theoretischen oder empirischen Gebrauch nachzuweisen: *Die Kritik der praktischen Vernunft überhaupt hat also die Obliegenheit, die empirisch bedingte Vernunft von der Anmaßung abzuhalten, ausschließungsweise den Bestimmungsgrund des Willens allein abgeben zu wollen.*[116] Nach Abstraktion aller Empirie ist es allein das a priori gegebene moralische Gesetz der reinen Vernunft, das den Willen bestimmt und ihn, wenn er dem Gesetz folgt, in Freiheit setzt: *Also ist es das moralische Gesetz, dessen wir uns unmittelbar bewußt werden (sobald wir uns Maximen des Willens entwerfen), welches sich uns zuerst darbietet und, indem die Vernunft jenes als einen durch keine sinnliche Bedingung zu überwiegenden, ja davon gänzlich unabhängigen Bestimmungsgrund darstellt, gerade auf den Begriff der Freiheit führt.*[117] Frei ist der Mensch, wenn er nicht seinen Trieben, sondern dem Gesetz seiner Vernunft folgt, sodass die Freiheit, die aus dem Anspruch des Gesetzes folgt, mit diesem identisch ist, wenn Freiheit nicht in der Wahl zwischen Glückseligkeit und Gesetz besteht, sondern in der Unabhängigkeit – Autonomie – der Vernunft: *Also drückt das moralische Gesetz nichts anderes aus als die Autonomie der reinen praktischen Vernunft, d. i. der Freiheit.*[118] Soll das moralische Gesetz gelten, das die Vernunft unmittelbar befiehlt, so bedarf es der Gewissheit der Freiheit *als Be*dingung *der Möglichkeit* der Verwirklichung dieses Gesetzes.

Mag der Anspruch der *Pflicht* und ihres Gesetzes auch selten oder gar nie seine adäquate Verwirklichung in der Welt der Erscheinung finden, nach der nicht seine Gültigkeit zu messen ist, da er aus einer anderen Welt stammt, so ist doch diese ethische Formel in ihrer formalen, nüchternen Abstraktheit der Gipfel aller Ethik und verlockt Kant zu seltenen, seltsam emphatischen Worten: *Pflicht! du erhabener großer Name, der du nichts Beliebtes, was Einschmeichelung bei sich führt, in dir fassest, sondern Unterwerfung verlangst, doch auch nichts drohest, was natürliche Abneigung im Gemüte erregte und schreckte, um den Willen zu bewegen, sondern bloß ein Gesetz aufstellst, welches von selbst im Gemüte Eingang findet und doch sich selbst wider Willen Verehrung (wenngleich nicht immer Befolgung) erwirbt, vor dem alle Neigungen verstummen, wenn sie gleich insgeheim ihm entgegenwirken: welches ist der deiner würdige Ursprung, und wo findet man die Wurzel deiner edlen Abkunft, welche alle Verwandtschaft mit Neigungen stolz ausschlägt, und von welcher Wurzel abzustammen die unnachläßliche Bedingung desjenigen Werts ist, den sich Menschen allein selbst geben können?*[119]

Die Tat, die *aus Pflicht* geschieht, somit moralisch gut ist, wird unterschieden von einer Handlung, die nur *gemäß der Pflicht* vollzogen wird. Denn der Wille, der nach dem moralischen Gesetz handelt, kann nicht unbedingt fordern, dass die gute Absicht zu einer glücklichen Verwirklichung gelangt, zumal nicht der Zweck oder das Ziel, sondern nur die Gesetzlichkeit der Handlung als Triebfeder dient.

Wenn so nicht der gute Ausgang oder die glückliche Endabsicht der Bestimmungsgrund einer moralischen Handlung ist, so wird dennoch nicht ausgeschlossen, dass einer guten Tat ein guter Ausgang beschieden sein kann: *Aus dieser Auflösung der Antinomie der praktischen reinen Vernunft folgt, daß sich in praktischen Grundsätzen eine natürliche und notwendige Verbindung zwischen dem Bewußtsein der Sittlichkeit und der Erwartung einer ihr proportionierten Glückseligkeit als Folge derselben wenigstens als möglich denken (darum aber freilich noch eben nicht erkennen und einsehen) lasse; dagegen, daß Grundsätze der Bewerbung um Glückseligkeit unmöglich Sittlichkeit hervorbringen können: daß also das o b e r s t e Gut (als die erste Bedingung des höchsten Guts) Sittlichkeit, Glückseligkeit dagegen zwar das zweite Element desselben ausmache, doch so, daß diese nur die moralisch bedingte, aber doch notwendige Folge der ersteren sei.*[120]

Wenn eine Verwirklichung der Sittlichkeit als Glückseligkeit in der Erfahrungswelt nicht gegeben ist noch sein kann, so fordert dennoch das moralische Gesetz unnachsichtig und über die Erfahrungswelt hinaus eine moralische Vollkommenheit, der sich der Mensch anzunähern hat. Der *Fortschritt*[121] in der Moral wird nicht so bald zur *Heiligkeit*[122] gelangen, in welchem Zustand alles Streben aufhört. Mag daher auch der Mensch als Naturwesen mit dem Tode zugrunde gehen, als Vernunftwesen, dem die weitere Vervollkommnung seiner moralischen Existenz aufgegeben bleibt, ist er, so postuliert die praktische Vernunft, dem Untergange entzogen: *Dieser unendliche Progressus ist aber nur unter Voraussetzung einer ins U n e n d l i c h e fortdauernden E x i s t e n z und Persönlichkeit desselben vernünftigen Wesens (welche man die Unsterblichkeit der Seele nennt) möglich. Also ist das höchste Gut praktisch nur unter der Voraussetzung der Unsterblichkeit der Seele möglich; mithin diese, als unzertrennlich mit dem moralischen Gesetz verbunden, ein P o s t u l a t der reinen praktischen Vernunft (worunter ich einen t h e o r e t i s c h e n, als solchen aber nicht erweislichen Satz verstehe, sofern er einem a priori unbedingt geltenden p r a k t i s c h e n Gesetze unzertrennlich anhängt).*[123] Gestützt wird die Behauptung, ein Weiterleben der Seele nach dem Tode sei möglich – besser: nicht unmöglich –, durch die Unterscheidung in Natur- und Vernunftbereich des Menschen, wonach es dem reinen Vernunftwesen, dem Noumenon, das an keine zeitliche Bedingung gebunden ist, möglich ist, durch keine und in keiner Zeit zerstört zu werden.

Nach dem Postulat der Freiheit, das unmittelbar aus dem moralischen Gesetz folgt, und dem weiteren Postulat der Unsterblichkeit der Seele ist es das Postulat der Existenz eines Gottes, das gemäß der Einteilung der metaphysischen Ideen in Psychologie, Kosmologie und Theologie den Umkreis und Inhalt der intelligiblen Welt vollendet. Damit der Mensch dem sittlichen Anspruch genügen kann, bedarf es einer Freiheit, der, wenn sie rein verwirklicht wird, eine Vollkommenheit entsprechen muss, die als Einheit von Natur und Sittlichkeit oder als höchstes Gut bezeichnet und angestrebt wird: *Nun ist ein Wesen, das der Handlungen nach der Vorstellung von Gesetzen fähig ist, eine Intelligenz (vernünftig Wesen), und die Kausalität eines solchen Wesens nach dieser Vorstellung der Gesetze ein Willen desselben.*[124] Fallen in einem Wesen Wollen und Wirken in der Einheit der Vollkommenheit zusammen, wie sie das reine moralische Gesetz vorschreibt, so ist dieses Wesen heilig, mithin Gott: *Also ist die oberste Ursache der Natur, sofern sie zum höchsten Gute vorausgesetzt werden muß, ein Wesen, das durch Verstand und Willen die Ursache (folglich der Urheber) der Natur ist, d. i. GOTT.*[125] Das moralische Gesetz mit seinem unbedingten Anspruch fordert eine Vollkommenheit – das höchste Gut –, der der Mensch unendlich nachstrebt und die zu ihrer möglichen Verwirklichung die Annahme eines Gottes, der Gesetz und Glückseligkeit wieder zur Einheit bringt, voraussetzt: *Folglich ist das Postulat der Möglichkeit des höchsten abgeleiteten Guts (der besten Welt) zugleich das Postulat der Wirklichkeit eines höchsten ursprünglichen Guts, nämlich der Existenz Gottes. Nun war es Pflicht für uns, das höchste Gut zu befördern, mithin nicht allein Befugnis, sondern auch mit der Pflicht als Bedürfnis verbundene Notwendigkeit, die Möglichkeit dieses höchsten Guts vorauszusetzen; welches, da es nur unter der Bedingung des Daseins Gottes stattfindet, die Voraussetzung desselben mit der Pflicht unzertrennlich verbindet, d. i. es ist moralisch notwendig, das Dasein Gottes anzunehmen.*[126]

Schon hier zeigt sich, wie eng die Verbindung zwischen Moral und Religion ist, wenn das moralische Gesetz den religiösen Glauben fordert, ohne dass ein Erkenntnisakt den Nachweis der Existenz Gottes zu leisten vermag. Andererseits aber wird bereits hier – wie später in der *Religion innerhalb der Grenzen der bloßen Vernunft* – deutlich, dass die Religion Anspruch und Bedeutung verliert, wenn sie – etwa als Offenbarungsglaube – über den Raum des moralischen Gesetzes hinaus wirksam zu werden trachtet. Hier, im Raum der kritischen Absicherung des Systems, ist die Polemik mit der Theologie noch latent. Aber schon hier wird der Sinn menschlicher Existenz in der Moral verankert, im ethischen Gesetz, dessen Verbindlichkeit der Allgemeingültigkeit des Naturgesetzes nicht nachsteht: *Zwei Dinge erfüllen das Gemüt mit immer neuer und zunehmender Bewunderung und Ehrfurcht, je öfter und anhaltender sich das Nachdenken damit beschäftigt: der bestirnte Himmel über mir und das moralische Gesetz in mir.*[127]

Mit der *Kritik der praktischen Vernunft* hatte Kant den höchsten Punkt seines Systems erreicht; das Primat der praktischen Vernunft vor der theoretischen war anerkannt und nachgewiesen. Von 1780 bis 1790 war er allein bestrebt, seine Konzeption der Kritik in wenigen, wichtigen Werken niederzulegen, ohne bereits auf dem kritisch überprüften Fundament den Ausbau des Systems vorzunehmen. Diese Arbeit, so meinte er, lasse sich leicht durchführen, eventuell sogar von seinen Nachfolgern. Er selbst war jedoch bemüht, die Errichtung des Systems zu beginnen, wie etwa in seiner Schrift, die nach den kritischen Hauptwerken entstand: *Metaphysik der Sitten* (1797). Zehn Jahre nach der *Kritik der praktischen Vernunft* erschienen, nur sieben Jahre vor seinem Tod und bereits vom Alter ihres Autors gezeichnet, steht diese Schrift in so engem Zusammenhang mit dem moralisch-praktischen Denken der kritischen Periode, dass ihr Gehalt hier dargestellt sei, bevor auf die Bedeutung der dritten, abschließenden Kritik, der *Kritik der Urteilskraft*, eingegangen wird.

Die *Metaphysik der Sitten* setzt sich aus zwei Teilen, den *Anfangsgründen der Rechtslehre* und den *Anfangsgründen der Tugend*, zusammen. Recht und Tugend, die als Elemente sich zum Ganzen des Systems der Moral zusammenfügen, unterscheiden sich wie Legalität und Moralität, wie Handlungen, die *gemäß der Pflicht* und *aus Pflicht* vollzogen werden: *Die Rechtslehre hat es bloß mit der formalen Bedingung der äußeren Freiheit (durch die Zusammenstimmung*

Immanuel Kant. Gemälde von
Gottlieb Doeppler [Doebler], 1791

mit sich selbst, wenn ihre Maxime zum allgemeinen Gesetz gemacht wurde), d. i. mit dem RECHT zu tun. Die Ethik dagegen gibt noch eine Materie (einen Gegenstand der freien Willkür), einen Zweck der reinen Vernunft, der zugleich als objektiv-notwendiger Zweck, d. i. für den Menschen als Pflicht vorgestellt wird, an die Hand.[128]

Das Recht behandelt die äußere Seite der Freiheit, ihre Form ist der Gerechtigkeit *gemäß*, wobei das Sittengesetz die Norm gibt, ohne jedoch verhindern zu können, dass die rechtmäßig vollzogene Handlung nicht *aus Pflicht* geschieht. Aber dem Recht genügt der Vollzug seiner selbst, die Einschränkung der Freiheiten durch- und gegeneinander, damit ein Zusammenleben der Rechts-Personen, gestützt auf die Maxime des kategorischen Imperativs, möglich ist: *Das Recht ist also der Inbegriff der Bedingungen, unter denen die Willkür des einen mit der Willkür des anderen nach einem allgemeinen Gesetze der Freiheit zusammen vereinigt werden kann.*[129]

Im *Privatrecht* stehen sich lediglich zwei Freiheiten gegenüber, von denen jede auf die vorhandenen äußeren Gegenstände gerichtet ist und somit in Abwehr gegen ein mögliches Recht der anderen Freiheit steht. Das erste ursprüngliche Recht einer jeden Person ist das *Sachenrecht*, dem das *persönliche Recht* folgen kann, wenn einer sich dem anderen zu einer bestimmten Dienstleistung verpflichtet. Eine dritte Form des Privatrechts, die Sachenrecht und persönliches Recht verbindet und von der zeitgenössischen Rechtslehre kritisch angefochten wurde, ist das *dinglich-persönliche Recht*.[130] Dieses *auf dingliche Art persönliche Recht* wird vorzüglich wirksam im Bereich der Ehe, die geschlossen wird zum dinglichen Besitz des einen durch den anderen – in der natürlichen Geschlechtsgemeinschaft –, dennoch aber in diesem *Kontrakt der Verdingung*[131] nicht ihren eigentlichen, höchsten Zweck erreicht, sondern als ein *Verhältnis der Gleichheit*[132] anzusehen ist – als eine Beziehung zwischen Vernunftwesen und Vernunftwesen, deren Zusammenleben durch die Ehe als einem Vertrag in Freiheit abgesprochen wird.

Das Privatrecht, wenngleich es unmittelbar aus der Vernunft fließt und im Zusammenspiel der einzelnen Freiheiten als *natürliche Gemeinschaft* möglich wird, ist so lange gefährdet, als es nicht erzwingbar ist, mithin eines Gesamtwillens entbehrt, der als Staat die rechtliche Gemeinschaft sichert, indem er durch einen *Gerichtshof*[133] öffentlich Recht spricht. Seine Gerechtigkeit, die über den Zwang zum Vollzug des eigenen Spruches verfügt, ist niedergelegt und gesichert durch die Verfassung: *Der Inbegriff der Gesetze, die einer allgemeinen Bekanntmachung bedürfen, um einen rechtlichen Zustand hervorzubringen, ist das ö f f e n t l i c h e R e c h t. – Dieses ist also ein System von Gesetzen für ein Volk, d. i. eine Menge von Menschen, oder*

| Metaphysik der Sitten

für eine Menge von Völkern, die, im wechselseitigen Einflusse gegenein-
ander stehend, des rechtlichen Zustandes unter einem sie vereinigenden
Willen, einer V e r f a s s u n g (constitutio), bedürfen, um dessen, was
Rechtens ist, teilhaftig zu werden. – Dieser Zustand der einzelnen im Vol-
ke in Verhältnis untereinander heißt der b ü r g e r l i c h e (status civilis),
und das Ganze derselben in Beziehung auf seine eigenen Glieder der
S t a a t (civitas), welcher seiner Form wegen, als verbunden durch das ge-
meinsame Interesse aller, im rechtlichen Zustande zu sein, das g e m e i n e
W e s e n (res publica latius sic dicta) genannt wird, in Verhältnis aber
auf andere Völker eine M a c h t (potentia) schlechthin heißt (daher das
Wort P o t e n t a t e n), was sich auch wegen (anmaßlich) angeerbter Ver-
einigung ein Stammvolk (gens) nennt und so, unter dem allgemeinen Be-
griffe des öffentlichen Rechts, nicht bloß das Staats-, sondern auch ein
V ö l k e r r e c h t (ius gentium) zu denken Anlaß gibt; welches dann, weil
der Erdboden eine nicht grenzenlose, sondern sich selbst schließende Flä-
che ist, beides zusammen zu der Idee eines V ö l k e r s t a a t s r e c h t s (ius
gentium) oder des W e l t b ü r g e r r e c h t s (ius cosmopoliticum) unum-
gänglich hinleitet: so daß wenn unter diesen drei möglichen Formen des
rechtlichen Zustandes es nur einer an dem die äußere Freiheit durch Ge-
setze einschränkenden Prinzip fehlt, das Gebäude aller übrigen unver-
meidlich untergraben werden und endlich einstürzen muß.[134]

Das Fundament, auf dem sich die Pyramide des Rechts errichten kann, ist das öffentliche, bürgerliche Recht, das auf der *Wech-*
selwirkung[135] der einzelnen Freiheiten und Rechte fußt, aber auch
auf den Grenzen dieser Freiheiten, den Pflichten, die durch *öffent-*
lich gesetzlichen äußeren Zwang[136] erfüllt werden müssen, damit
ein *bürgerlicher Zustand*[137] eintreten kann: *Ein Staat (civitas) ist die*
Vereinigung einer Menge von Menschen unter Rechtsgesetzen.[138] Der
Mensch, der mit anderen vereinigt in *bürgerlicher Gleichheit*[139] unter diesen Gesetzen als Mitglied einer solchen Gesellschaft lebt, ist
der *Staatsbürger (cives)*[140] als solcher qualifiziert durch das Recht
der Wahl: *Nur die Fähigkeit der Stimmgebung macht die Qualifikation*
zum Staatsbürger aus.[141] (*Frauenzimmer, Dienstboten, Unmündige*[142]
sind ausgeschlossen.)

Das Wahlrecht freier Personen ist so das Element, das den
Staat fügt, ganz im Sinne der modernen Demokratie. Auch bei
Kant findet sich – in Anlehnung an die Ideen der Französischen
Revolution – jene Dreiteilung der Gewalten, die er noch 1797 be-

wunderte, obgleich ihr Glanz in Paris durch die Schreckensherrschaft bereits verdunkelt war: *Ein jeder Staat enthält drei Gewalten
in sich, d. i. den allgemein vereinigten Willen in dreifacher Person (trias
politica): die Herrschergewalt (Souveränität) in der des Gesetzge-
bers, die vollziehende Gewalt in der des Regierers (zufolge dem Gesetz), und die rechtsprechende Gewalt (als Zuerkennung des Seinen eines jeden nach dem Gesetz) in der Person des Richters (potestas
legislatoria, rectoria et iudiciaria).*[143]

Die drei Gewalten, die den Staat stützen, müssen voneinander
getrennt sein, um die Gefahr einer Despotie zu bannen, wenn der
Staatslenker zugleich zum Gesetzgeber wird. Ist diese konstitutio-
nelle Monarchie nicht gegeben, wie damals in Preußen, so kann
es geschehen, daß Friedrich der Große zugleich Gesetzgeber und
Herrscher ist – und es allein seiner Mäßigung zu danken bleibt,
wenn ein Missbrauch der Macht vermieden wird, indem er sich
zum «ersten Diener des Staates» erniedrigte.

Ähnlich wie bei Luther reicht auch bei Kant der Gehorsam,
den die einzelne Persönlichkeit dem Staat zu leisten hat, sehr weit,
so weit, dass ein Widerstand gegen eine Staatsgewalt, die sich zur
Despotie verirrt, fast grundsätzlich ausgeschlossen wird: *Wenn das
Organ des Herrschers, der Regent, auch den Gesetzen zuwider ver-
führe, z. B. mit Auflagen, Rekrutierungen u. dgl. wider das Gesetz der
Gleichheit in Verteilung der Staatslasten, so darf der Untertan dieser Ungerechtigkeit zwar Beschwerden (gravamina), aber keinen Widerstand entgegensetzen.*[144] *Aufstand*[145] oder *Aufruhr*[146] sind *niemals anders, als gesetzwidrig*[147], da derjenige, der zu ihnen als Mittel der
Selbstgerechtigkeit greift, sich über die Richter des Staates setzt,
die er selbst berufen hat, sich selbst dadurch widerspricht und deshalb nicht anders als verwerflich handelt.

Mochte sich Kant auch der Französischen Revolution begeistert zuwenden, da er in ihr die Installierung seiner Republik erkennen konnte und wollte – von der Entthronung, soweit sie
nicht *freiwillige Ablegung der Krone und Niederlegung*[148] der
Gewalt und Zurückgabe derselben an das Volk war, sowie von der
Hinrichtung der Monarchen, etwa Ludwigs XVI. und Karls I.,
wandte er sich entsetzt ab. *Revolution*[149] sei dem Volke verwehrt,
Reform[150] dem Souverän aufgegeben; aktiver Widerstand wider-
spreche der Verfassung, passiver Widerstand, etwa Weigerung des

Volkes im Parlament und damit auf gesetzmäßigem Wege, sei jedoch erlaubt.

Das Strafrecht schließt als Amt und Aufgabe der richterlichen Gewalt das Staatsrecht ab. Wenn jemand wider den Staat frevelt, kann der allgemeinen Ordnung nur dadurch Genüge verschafft werden, dass sich die Strafe in der Höhe des Verbrechens gegen den Täter richtet, um ihm das zuteil werden zu lassen, was er dem Staate, dem er selbst angehört, zugedacht hat, sodass er von sich selbst das zurückerhält, was er sich selbst im anderen zukommen ließ. Weder ist die Strafe nur pädagogisches Mittel, um eine bessere Gesinnung zu bewirken, noch kann sie gemäßigt werden durch politische Rücksichten. Nach dem *Prinzip der Gleichheit* [151] von Untat und Strafmaß fügt einer dem anderen wie sich selbst – was realiter in der Strafe geschieht – das Übel zu: *Was für unverschuldetes Übel du einem anderen im Volke zufügest, das tust du dir selber an.* [152] Der Mord hat deshalb unnachsichtig die Hinrichtung zur Folge; Begnadigung ist kaum für eine Tat angemessen, nur der Kindesmord einer ledigen Mutter sowie das Duell werden entschuldigt. Für Verbrechen, die nicht nach dem Maße der Gleichheit vergolten werden können, werden nicht geringere Strafen bemessen. Bestialische Behandlung wird geahndet durch *Ausstoßung aus der bürgerlichen Gesellschaft auf immer* [153], Notzucht und Päderastie aber *durch Kastration (entweder wie eines weißen oder schwarzen Verschnittenen im Serail).* [154]

Wie der Staat sich nach Gesetzen des öffentlichen Rechts zu einer Einheit, die auf einem freien Vertrag fußt, konstituiert, so ist auch das Verhältnis der Staaten zueinander, das durch das *Völkerrecht* bestimmt wird, ein Recht, das den *Zustand des Krieges* [155], der *von Natur* [156] gegeben ist, durch freien Vertrag aufhebt in einem *Völkerbund, nach der Idee eines ursprünglichen gesellschaftlichen Vertrages.* [157] Das Verhältnis der Staaten zueinander unterscheidet sich von der Beziehung der Staatsbürger untereinander dadurch, dass über den Staaten keine regierende Macht steht, es somit nicht zu einem Völkerstaat kommt, sondern *nur eine Genossenschaft (Föderalität)* [158] entsteht, *eine Verbindung, die zu aller Zeit aufgekündigt werden kann.* [159] Erst wenn die Staaten aus dem Zustand ihrer rohen, natürlichen Beziehung, dem Kriegsverhältnis, treten, und sich zu *einem allgemeinen Staatsverein (analogisch dem, wodurch ein Volk*

Staat wird)[160], formieren, wird *ein wahrer Friedenszustand*[161] erreicht, der aber nicht unmittelbar realisierbar ist, vielmehr *eine unausführbare Idee*[162] bleibt, die es dennoch in *kontinuierlicher Annäherung*[163] anzustreben gilt.

Als dritten, letzten Abschnitt des *öffentlichen Rechts* behandelt Kant das *Weltbürgerrecht*, ein Recht, das als Krönung eines durchgehaltenen und weltumspannenden Friedens den rechtlichen Zustand auf der Erde vollenden soll. Eine genauere Darlegung des Weges, wie es zum Zustand eines die ganze Erde umspannenden Friedens kommen soll, gibt Kant bereits ausführlich in der Schrift *Zum ewigen Frieden*, die 1795, zwei Jahre vor der *Metaphysik der Sitten*, erschien. In ihr wird nach Art der damals üblichen Friedensverträge in «Präliminarartikeln» und «Definitivartikeln» ausgeführt, welche Maximen verwirklicht werden müssen, damit die Menschheit einem umfassenden und dauerhaften Frieden entgegengeht:

Präliminarartikel: *1. Es soll kein Friedensschluß für einen solchen gelten, der mit dem geheimen Vorbehalt des Stoffs zu einem künftigen Kriege gemacht worden. 2. Es soll kein für sich bestehender Staat (klein oder groß, das gilt hier gleich viel) von einem andern Staate durch Erbung, Tausch, Kauf oder Schenkung erworben werden können. 3. Stehende Heere (miles perpetuus) sollen mit der Zeit ganz aufhören. 4. Es sollen keine Staatsschulden in Beziehung auf äußere Staatshändel gemacht werden. 5. Kein Staat soll sich in die Verfassung und Regierung eines an-*

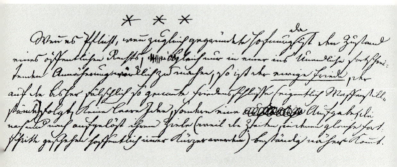

Aus Kants Manuskript «Zum ewigen Frieden», 1795

dern Staats gewalttätig einmischen. 6. Es soll sich kein Staat im Kriege mit einem andern solche Feindseligkeiten erlauben, welche das wechselseitige Zutrauen im künftigen Frieden unmöglich machen müssen: Als da sind Anstellung der Meuchelmörder (percussores), Giftmischer (venefici), Brechung der Kapitulation, Anstiftung des Verrats (perduellio) in dem bekriegten Staat etc.[164]

Definitivartikel: *1. Die bürgerliche Verfassung in jedem Staate soll republikanisch sein. 2. Das Völkerrecht soll auf einen Föderalismus freier Staaten gegründet sein. 3. Das Weltbürgerrecht soll auf Bedingungen der allgemeinen Hospitalität eingeschränkt sein.*[165]

Die Präliminarartikel sind lediglich Verbotsgesetze, die den Zustand des Krieges aufheben sollen, um den Frieden vorzubereiten, der sodann in den Definitivartikeln gesichert wird. Da auf einen *Völkerstaat (civitas gentium)*[166], auf eine *Weltrepublik*[167] nicht unmittelbar zu hoffen ist, soll dennoch das Verhältnis der einzelnen Menschen untereinander, ungeachtet ihrer Staatszugehörigkeit, durch Gastrecht, *Hospitalität (Wirtbarkeit)*[168] bestimmt sein, zugleich durch *ein Besuchsrecht*[169], das jedoch gar zu leicht im Zeitalter des Kolonialismus missbraucht wurde – mit welchem Vorwurf Kant vor allem England bedachte: *Vergleicht man hiermit das inhospitale Betragen der gesitteten, vornehmlich handeltreibenden Staaten unseres Weltteils, so geht die Ungerechtigkeit, die sie in dem Besuche fremder Länder und Völker beweisen, bis zum Erschrecken weit. [...] In Ostindien (Hindustan) brachten sie unter dem Vorwande bloß beabsichtigter Handelsniederlassungen fremde Kriegsvölker hinein, mit ihnen aber Unterdrückung der Eingeborenen, Aufwiegelung der verschiedenen Staaten desselben zu weit ausgebreiteten Kriegen, Hungersnot, Aufruhr, Treulosigkeit, und wie die Litanei aller Übel, die das menschliche Geschlecht drücken, weiter lauten mag.*[170]

So ähnlich mag Kant gesprochen haben, als er zum ersten Male dem englischen Kaufmann Joseph Green begegnete, dessen Zorn – und spätere Freundschaft – diese Worte erregt haben mögen. Für Kant muss es eine Bestätigung seines auf die reine Moralität vertrauenden Denkens gewesen sein, bei Green die nationalen Argumente durch die internationalen (weltbürgerlichen) Ansprüche der Moral aus dem Felde zu schlagen. Dieser Optimismus in einer gemäßigten Form spiegelt sich – nicht ohne humorvollen Seitenblick – in dem 10. Artikel wider, mit dem den

| Metaphysik der Sitten

neun öffentlichen Paragraphen ein geheimer hinzugefügt wird. Hier steht Kant in der Tradition Platons, der die Philosophen auf dem Thron zu sehen wünschte, mochte auch das Experiment in Syrakus noch so kläglich scheitern. Kant ist skeptischer, wenn er von den Philosophen glaubt, dass sie nicht weniger der Versuchung der Macht erliegen werden als die Könige, und deshalb den politischen Einfluss der Philosophen auf das Recht und die Pflicht der Konsultation einschränkt: *Es scheint für die gesetzgebende Autorität eines Staats [...] verkleinerlich zu sein, über die Grundsätze seines Verhaltens gegen andere Staaten bei Untertanen (den Philosophen) Belehrung zu suchen; gleichwohl aber sehr ratsam, es zu tun. Also wird der Staat die letzteren stillschweigend (also indem er ein Geheimnis daraus macht) dazu auffordern, welches soviel heißt als: er wird sie frei und öffentlich über die allgemeinen Maximen der Kriegsführung und Friedensstiftung reden lassen (denn das werden sie schon von selbst tun, wenn man es ihnen nur nicht verbietet). [...] Es ist aber hiermit nicht gemeint, daß der Staat den Grundsätzen des Philosophen vor den Aussprüchen des Juristen (des Stellvertreters der Staatsmacht) den Vorzug einräumen müsse, sondern nur, daß man ihn höre.*[171]

Im zweiten Teil der *Metaphysik der Sitten* dringt Kants Denken hinter die Fassade der äußeren Gesetzmäßigkeit, um zu den Motiven vorzustoßen, die auf die *innere Freiheit*[172] wirken und allein einer Tat ihren moralischen Rang zusprechen: *Die Ethik gibt nicht Gesetze für die Handlungen (denn das tut das Ius), sondern nur für die Maximen der Handlungen.*[173]

Die Tugend, die sich auf das moralische Gesetz stützt, ist deshalb wie der kategorische Imperativ nur eine (allgemeine) Norm, von der nicht genau ersichtlich, ob sie für eine spezielle Tat zulänglich ist. Gegenüber dem Recht, das sich in zahlreiche Verordnungen aufteilt, die sich in ihrer Spezialisierung den einzelnen Fällen anschmiegen, kennt das Gesetz der Tugend weitere Gebote, deren Bezug zur einzelnen Handlung einen gewissen Spielraum lässt, der von der Urteilskraft überbrückt werden muss: *Die Tugend, als die in der festen Gesinnung gegründete Übereinstimmung des Willens mit jeder Pflicht, ist wie alles Formale bloß eine und dieselbe. Aber in Ansehung des Zwecks der Handlungen, der zugleich Pflicht ist, d. i. desjenigen (des Materiale), was man sich zum Zwecke machen soll, kann es mehr Tugenden geben.*[174]

Immanuel Kant. Kupferstich von Meno Haas nach einer Zeichnung von Elisabeth von Staegemann. Titelporträt von «Jahrbücher der preussischen Monarchie», 1799, Band 2

Ein *Widerstreit der Pflichten*[175] ist, da es nur ein moralisches Gesetz gibt, unmöglich und tritt nur auf, wenn die *moralische Kasuistik*[176] am Werk ist. Vor ihr warnt Kant, da einerseits dieser scheinbare Selbstwiderspruch der Moral auf einen schwachen Charakter schließen lässt, andererseits aber die Verbindlichkeit der Tugend weiter gefasst ist als jeder Einzelfall, sodass ein Irrtum möglich wird: *Denn es ist dem Menschen nicht möglich, so in die Tiefe seines eigenen Herzens einzuschauen, daß er jemals der Reinigkeit seiner moralischen Absicht und der Lauterkeit seiner Gesinnung auch nur in einer Handlung völlig gewiß sein könnte; wenn er gleich über die Legalität derselben gar nicht zweifelhaft ist.*[177] Pflicht, auch moralisch, aber ist, für sein körperliches Wohlergehen zu sorgen. *Selbstentleibung*[178], *Selbstschändung*[179] und auch *Selbstbetäubung*[180] sind dem Menschen in seiner Verantwortung für sich als physischen Organismus verboten. Als rein moralischem Wesen sind ihm nicht gestattet *Lüge*[181], *Geiz*[182] und *Kriecherei*[183], da mit ihnen der Mensch als Selbstzweck Schaden nimmt.

Die Pflichten, die der Mensch gegenüber dem anderen Menschen hat, sind teils Achtungs-, teils Liebespflichten. Die Gefahren, die das Zusammenleben der Menschen als moralische Wesen in ihrer Gemeinschaft bedrohen, sind *Hochmut*[184], *Afterreden*[185] und die *Verhöhnung*[186]. Das, was die *Pflicht der Achtung*[187] fordert, die Negation dieser *Laster*[188], schuldet ein Mensch dem anderen gleichsam als Minimum eines moralischen Miteinanders. Positiv und über das Geschuldete hinaus wird die Tugend in *Liebespflichten*[189] wirksam, zu denen vor allem *Wohltätigkeit*[190], *Dankbarkeit*[191] und *teilnehmende Empfindung*[192] gehören. Kant verzichtet damit entschieden auf Mitleid als eine Triebkraft, die pathologisch auf den Willen einwirkt; seine Moral widerspricht nicht nur hier christlichen Vorstellungen. Im Mitleid eine Form der Beleidigung des Leides zu sehen, diese aristokratisch-herbe Haltung verbindet ihn mit Nietzsche, dessen «Zarathustra» als letzte schwerste Prüfung die Anfechtung durch Mitleid zu bestehen hat.

Dagegen ist Kant entschieden für die Freundschaft eingetreten, die in der *Metaphysik der Sitten* eine zentrale Stellung einnimmt, da in ihr sich Liebe und Achtung begegnen und ergänzen, gleichsam als Anziehung und Abstoßung. Die Liebe drängt auf fortgesetzte Anziehung, die Achtung jedoch gebietet Distanz, damit auch *die besten Freunde sich untereinander nicht gemein machen*[193]. Nicht nur als Philosoph, sondern vor allem als Mensch hat Kant nach diesem Ideal gelebt und an es geglaubt. Zahlreich sind die Freundschaften gewesen, die ihn mit ganz verschiedenen Menschen verbanden, doch hat niemand die Schwelle der Achtung überschritten, hinter der er das Private und streng Persönliche verborgen hielt. Leidenschaft oder auch unlautere Motive haben diesen Beziehungen völlig gefehlt, denen eine «temperierte» Herzlichkeit eigen war, der er in seinem Leben wirklich begegnet ist: *Diese (bloß moralische) Freundschaft ist kein Ideal, sondern (der schwarze Schwan) existiert wirklich hin und wieder in seiner Vollkommenheit.*[194]

In der *Metaphysik der Sitten* beschloss Kant 1797 den Ausbau des Systems der Moral, wie es auf der *Kritik der praktischen Vernunft* gegründet ist. Mit den Kritiken der *reinen* und der *praktischen Vernunft* war jedoch noch nicht der Umfang des kritischen Denkens ausgeschritten, sondern erst mit der *Kritik der Urteilskraft*, die 1790 erschien. Da sein Denken nicht mehrere Epochen unterscheidet, in denen sich seine Gedanken wandelten, sondern sein System nur Vertiefung und Ausbau erfuhr, bildet die *Kritik der Urteilskraft* nun den Abschluss der kritischen Behandlung der menschlichen Erkenntnisvermögen.

Bereits 1764 hatte er sich in den *Beobachtungen über das Gefühl des Schönen und Erhabenen* ästhetischen Fragen zugewandt, doch nicht systematisch, sondern nur beiläufig-empirisch, wie es der Anlass, sein Sommeraufenthalt in Gumbinnen, nahe legte. Lange erschien es Kant zweifelhaft, *die kritische Beurteilung des Schönen unter Vernunftprinzipien zu bringen und die Regeln derselben zur Wissenschaft zu erheben*[195]. Dieses Urteil, noch 1781 ausgesprochen, ist 1787 in einem Brief an Reinhold revidiert, da Kant sich nun in der Lage sah, eine *Kritik des Geschmacks* zu leisten, *so daß ich jetzt d r e i T e i l e der Philosophie erkenne, deren jede ihre Prinzipien a priori hat, die man abzählen und den Umfang der auf solche Art möglichen Erkenntnis sich bestimmen kann – theoretische Philosophie, T e l e o l o g i e und praktische Philosophie*[196].

Von der teleologischen Philosophie, die in der Mitte zwischen theoretischer und praktischer Philosophie steht, erwähnte Kant bereits in seinem Brief an Reinhold, daß dieser Teil seines kritischen Denkens als der *ärmste an Bestimmungsgründen a priori befunden*[197] werde. Reinhold ist es auch gewesen, der in Jena Schiller mit der kritischen Philosophie vertraut machte, nachdem bereits vorher, vor 1787, Theodor Körner den Dichter auf Kant hingewiesen hatte. Aber erst 1791, nach dem Erscheinen der *Kritik der reinen Vernunft*, öffnete sich Schillers Interesse der kritischen Philosophie; 1791 schrieb er an Körner: «Seine [Kants] Kritik der Urteilskraft, die ich mir selbst angeschafft habe, reißt mich hin durch ihren neu-

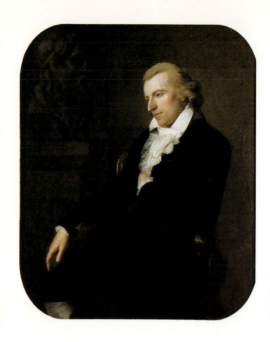

Friedrich Schiller.
Gemälde von
Ludovike Simanowiz,
1793

en, lichtvollen, geistreichen Inhalt und hat mir das größte Verlangen beigebracht, mich nach und nach in seine Philosophie hineinzuarbeiten.»[198]

Hartnäckig und tief dringend, zugleich aber verwandelnd (die Synthetik gegenüber der kritischen Analytik betonend) ist Schiller den kantischen Gedanken gefolgt und hat sich, besonders in seiner 1793 erschienenen Schrift «Über Anmut und Würde», ausdrücklich zu dem «unsterblichen Verfasser der Kritik» bekannt. Schließlich aber hat er Kant gegenüber, als dem moralischen «Rigoristen», auf eine Versöhnung von Sittlichkeit und Sinnlichkeit in dem Ideal der Kunst, der Anmut, gedrängt. Allein diese Arbeit Schillers erschien Kant kommentierenswert; in der *Religion innerhalb der Grenzen der bloßen Vernunft* findet sich eine längere zustimmende, von Schiller mit großer Freude aufgenommene Anmerkung, dass die Tugend *gar wohl die Begleitung der Grazien*[199] gestattet.

1794, als Schiller den Plan fasste, die besten Schriftsteller Deutschlands für seine Zeitschrift «Horen» zu gewinnen, sandte

Johann Wolfgang
von Goethe.
Gemälde von Joseph
Karl Stieler, 1828

er eine Einladung zur Mitarbeit gleichermaßen an Kant und Goethe. Kant, ein schlechter Briefschreiber, hat höflich, zustimmend geantwortet, doch damit war der persönlich-briefliche Verkehr erschöpft. Für Goethe war es der Beginn der berühmten Freundschaft; sie erwuchs auf dem Boden der kantischen Philosophie, nachdem sich Goethe, aus Italien zurückgekehrt, von Herder abgekehrt und – durch seine Tätigkeit in Jena – Kant (vermittelt und verwandelt durch dessen Schüler Reinhold) zugewendet hatte.

So reizvoll das gegenseitige Verhältnis der deutschen klassischen und romantischen Dichter zu Kant auch ist, es ist einseitig. Alle, von Herder über Goethe bis zu den Romantikern, vermochten nicht, persönlichen oder auch nur literarischen Einfluss auf Kant auszuüben. Herder wurde, obgleich er ursprünglich als Student den vorkritischen Kant begeistert angehört hat, in den neunziger Jahren (nach Kants Besprechung der «Ideen zur Philosophie der Geschichte der Menschheit») sein erbitterter Gegner; Schiller

Kritik der Urteilskraft

schrieb darüber am 1. Mai 1797 an Körner: «Herder ist jetzt eine ganz pathologische Natur [...]; gegen Kant und die neuesten Philosophen hat er den größten Gift auf den Herzen, aber er wagt sich nicht recht heraus, weil er sich vor unangenehmen Wahrheiten fürchtet, und beißt nur zuweilen einen in die Waden.» [200] Als Herder 1799 seine «Metakritik» erscheinen ließ, fand er aber bereits seit langem Goethe auf Schillers und das heißt auf der Seite der Kantianer.

Goethe stand, solange er mit Herder verbunden war und sich ganz für dessen «Ideen zur Philosophie der Geschichte der Menschheit» einsetzte, in ablehnender Haltung gegen Kant, wandte sich aber, aus Italien zurückgekehrt, der kritischen Philosophie zu und drang 1794, von Schiller geführt, über die *Kritik der Urteilskraft* auch in die *Kritik der reinen Vernunft* ein. Er äußerte sich 1827 gegenüber Eckermann über die Philosophen seiner Zeit: «Kant ist der vorzüglichste, ohne allen Zweifel. Er ist auch derjenige, dessen Lehre sich fortwirkend erwiesen hat, und die in unserer Kultur am tiefsten eingedrungen ist. Er hat auch auf Sie gewirkt, ohne daß Sie ihn gelesen haben. Jetzt brauchen Sie ihn nicht mehr, denn was er Ihnen geben konnte, besitzen Sie schon.» [201]

So reizvoll es ist, Kant in seiner Wirkung und auch Wandlung bei den Weimarer Dichtern zu verfolgen, diese Betrachtung führt von ihm fort, von Goethe selbst eingestanden, der auf Eckermanns Frage, ob er ein persönliches Verhältnis zu Kant je gehabt habe, erwidern musste: «Nein, Kant hat nie Notiz von mir genommen.» [202]

Gegenüber den Stürmern und Drängern musste sich Kant abweisend verhalten, wie auch gegenüber dem Dichter des «Messias» Friedrich Gottlieb Klopstock und den Mitgliedern des Göttinger «Hainbundes». Dennoch hat er der Forderung der jungen deutschen Dichter genügt, der Kunst ein eigenes, eigengesetzliches Gebiet neben dem der Vernunft auszusparen. In der *Kritik der Urteilskraft*, die sich nicht an Dichtungen der Zeit orientierte, hat er ein theoretisches Fundament gelegt, das für die Dichter in Weimar und Jena verbindlich wurde; an ihnen orientiert ist es nicht. Vorbilder hatte Kant, der zudem fast eine Generation älter als der Dichter des «Werther» war, in den Poeten seiner Zeit, vor allem in Haller, auch in Wieland, kaum in Lessing. Er stand der Empfindsamkeit des Sturm und Drang (einschließlich der Homer-

und Shakespeare-Begeisterung) sowie später der Romantik feindlich gegenüber. Nicht an dichterischen Vorbildern orientiert, entstand seine kritische Konzeption der Kunst, seine theoretische *Geschmackslehre*[203], aus dem Fundament der beiden vorausgegangenen Kritiken und war dennoch verbindlicher Maßstab für zahlreiche klassische und nachklassische Dichtungen.

Es ist nicht Ziel der *Kritik der Urteilskraft*, den Geschmack zu fördern, seine Ausbildung als soziologisches und pädagogisches Programm voranzutreiben, sondern zu untersuchen, ob er aus Prinzipien a priori ableitbar ist: *Da die Untersuchung des Geschmacksvermögens als ästhetischer Urteilskraft hier nicht zur Bildung und Kultur des Geschmacks (denn diese wird auch ohne alle solche Nachforschungen, wie bisher so fernerhin, ihren Gang nehmen), sondern bloß in transzendentaler Absicht angestellt wird: so wird sie, wie ich mir schmeichle, in Ansehung der Mangelhaftigkeit jenes Zwecks auch mit Nachsicht beurteilt werden. Was aber die letztere Absicht betrifft, so muß sie sich auf die strenge Prüfung gefaßt machen.*[204] In diesem Vermögen der Urteilskraft, das *aus sich selbst ein Prinzip der Beziehung des Naturdinges auf das unerkennbare Übersinnliche nehmen kann* und sich *auf das Gefühl der Lust und Unlust*[205] bezieht, sieht Kant das – neben Verstand und Vernunft – dritte, letzte und den Umkreis des Subjekts abschließende, transzendentale Vermögen, das einer kritischen Betrachtung unterworfen werden muss: *Hiermit endige ich also mein ganzes kritisches Geschäft.*[206] Nach der *Kritik der Urteilskraft* konnte nunmehr die *doktrinale* Ausgestaltung des kritischen Denkens – wie etwa in der *Metaphysik der Sitten* – folgen, gleichsam um auf dem Fundament der drei Kritiken das Haus des Systems zu errichten.

Die Urteilskraft, die *aus sich selbst ein Prinzip der Beziehung des Naturdinges auf das unerkennbare Übersinnliche nehmen kann*[207], ist daher wirksam zwischen theoretischem und praktischem Denken, zwischen denen keine Erkenntnis vermitteln kann, und zwischen denen doch eine Verbindung bestehen muss, soll das Subjekt nicht in die beziehungslosen Funktionen von Wissen und Wollen zerschnitten werden: *Also muß es doch einen Grund der Einheit des Übersinnlichen, welches der Natur zum Grunde liegt, mit dem, was der Freiheitsbegriff praktisch enthält, geben, wovon der Begriff, wenn er gleich weder theoretisch noch praktisch zu einem Erkenntnisse desselben gelangt, mithin kein eigentümliches Gebiet hat, dennoch den*

Übergang von der Denkungsart nach den Prinzipien der einen zu der nach Prinzipien der anderen möglich macht.[208] Die Notwendigkeit der gegenseitigen Vermittlung zwischen Verstand und Vernunft ist dennoch so groß, dass aus ihr ein Vermögen in seiner transzendentalen Selbständigkeit abgeleitet wird: *Allein in der Familie der oberen Erkenntnisvermögen gibt es doch noch ein Mittelglied zwischen dem Verstand und der Vernunft. Dieses ist die Urteilskraft*[209], ein autonomes *Seelen-*Vermögen: *Denn alle Seelenvermögen oder Fähigkeiten können auf die drei zurückgeführt werden, welche sich nicht ferner aus einem gemeinschaftlichen Grunde ableiten lassen: das Erkenntnisvermögen, das Gefühl der Lust und Unlust, und das Begehrungsvermögen.*[210]

Die Urteilskraft nun, wie sie in der *Kritik der reinen Vernunft* durch die Frage nach den synthetischen Urteilen a priori bestimmt war, *ist das Vermögen, das Besondere als enthalten unter dem Allgemeinen zu denken. Ist das Allgemeine [...] gegeben, so ist die Urteilskraft, welche das Besondere darunter subsumiert [...] bestimmend.*[211] Bei aller Verwandtschaft mit dieser *logischen* ist doch die ästhetische Urteilskraft, die in unmittelbarer Beziehung zum *Gefühl der Lust und Unlust* steht, in anderer Weise tätig: *Ist aber nur das Besondere gegeben, wozu sie das Allgemeine finden soll, so ist die Urteilskraft bloß reflektierend.*[212] Dieser, die nicht in der Lage ist, das einzelne Kunstwerk unter einem Begriff der Kunst zu subsumieren und damit den Erkenntnissatz auszusprechen, dass dieses Werk schön sei, fehlt der Begriff in seiner präzisen Verbindlichkeit für den einzelnen Fall, sodass die Subsumtion Schwierigkeiten bereitet, nicht wirklich stattfindet, sondern nur als möglich gedacht wird, in der «Reflexion» und nicht in der Realität.

Betrachtet man etwa ein Naturding unter dem Gesichtspunkt der *Zweckmäßigkeit*[213], so ist es unkritisch und leichtfertig, die Erzielung des Zwecks als Grund zur Entstehung heranzuziehen, mag es auch noch so sinnvoll sein, diesen Gegenstand nachträglich als einer Zweckmäßigkeit unterworfen und nachgebildet zu bezeichnen: *So ist das Prinzip der Urteilskraft, in Ansehung der Form der Dinge der Natur unter empirischen Gesetzen überhaupt, die Zweckmäßigkeit der Natur in ihrer Mannigfaltigkeit. D. i. die Natur wird durch diesen Begriff so vorgestellt, als ob ein Verstand den Grund der Einheit des Mannigfaltigen ihrer empirischen Gesetze enthalte.*[214]

Die Verbindung des *als ob* ist nur ein loses Seil, gespannt zwischen theoretischer und praktischer Vernunft, das den Gegenstand in Beziehung setzt zu reinen Ideen, ohne dass dieses Verhältnis ein Akt der Erkenntnis ist: *Dieser transzendentale Begriff einer Zweckmäßigkeit der Natur ist nun weder ein Naturbegriff noch ein Freiheitsbegriff, weil er gar nichts dem Objekte (der Natur) beilegt, sondern nur die einzige Art, wie wir in der Reflexion über die Gegenstände der Natur in Absicht auf die durchgängig zusammenhängende Erfahrung verfahren müssen, vorstellt, folglich ein subjektives Prinzip (Maxime) der Urteilskraft.*[215]

Findet sich Zweckmäßigkeit am Gegenstand, so wird diese Beobachtung zum *Grund einer sehr merklichen Lust, sogar einer Bewunderung*[216], dagegen bei *Heterogenität ihrer Gesetze* in der Natur sich *Unlust*[217] einstellt. *Subjektiv* ist ein Geschmacksurteil, weil das, was erfahren wird, nicht objektiv (am Gegenstand auffindbar) ist – wie im Erkenntnisurteil –, sondern weil im *ästhetischen Urteil* in der Natur eine Form – etwa die der Zweckmäßigkeit – beobachtet wird, wodurch das Subjekt, seine an diesem Urteil beteiligten Funktionen der Einbildungskraft, des Verstandes und der Vernunft in ihrem harmonischen Zusammenspiel, in den Zustand der *Lust* versetzt wird, der jedoch – obwohl subjektiv – für jedermann verbindlich ist, da die einzelnen Vermögen und somit auch ihr eventuelles harmonisches Zusammenspiel allgemein sind: *Die Erreichung jeder Absicht ist mit dem Gefühle der Lust verbunden; und ist die Bedingung der ersteren eine Vorstellung a priori, wie hier ein Prinzip für die reflektierende Urteilskraft überhaupt, so ist das Gefühl der Lust auch durch einen Grund a priori und für jedermann gültig bestimmt.*[218] Ein Gegenstand heißt *schön*, wenn bei seiner Betrachtung *die Einbildungskraft (als Vermögen der Anschauungen a priori) zum Verstande (als Vermögen der Begriffe) [...] unabsichtlich in Einstimmung versetzt und dadurch ein Gefühl der Lust erweckt wird.*[219]

Die Einteilung der kritischen *Geschmackslehre*, wie sie in der *Kritik der Urteilskraft* niedergelegt ist, erfolgt nun in eine subjektive und eine objektive Zweckmäßigkeit, je nachdem der Zweck in dem harmonischen Zusammenspiel der subjektiven Vermögen oder auch in der objektiv vorhandenen zweckmäßigen Ausgestaltung der Naturgegenstände aufgefunden werden kann: *Und so können wir die Naturschönheit als Darstellung des Begriffs der for-*

malen (bloß subjektiven), und die Naturzwecke als Darstellung des Begriffs einer realen (objektiven) Zweckmäßigkeit ansehen, deren eine wir durch Geschmack (ästhetisch, vermittelst des Gefühls der Lust), die andere durch Verstand und Vernunft (logisch, nach Begriffen) beurteilen. Hierauf gründet sich die Einteilung der Kritik der Urteilskraft in die der ästhetischen und teleologischen. [220]

Die *Kritik der Urteilskraft* behandelt in ihrem *ästhetischen* Teil die subjektive Zweckmäßigkeit, das harmonische Zusammenspiel von Anschauung und Idee, doch so, dass die Trennung zwischen beiden gewahrt bleibt und zudem aus dieser – bisweilen eklektischen – Verbindung die ästhetische Urteilskraft ihre transzendentale Autonomie gewinnt. Ein Gegenstand gilt nur dann als *schön*, wenn seine Beurteilung *ohne alles Interesse* [221] erfolgt, womit die Differenz des *ästhetischen Urteils* gegenüber dem kategorischen Imperativ der praktischen Vernunft gewahrt bleibt. Neben diesem qualitativen Moment wird von der Quantität im Geschmacksurteil gesagt, dass es *ohne Begriff* [222] – also nicht wie das Erkenntnisurteil –, aber dennoch *allgemein* [223] vorgestellt wird.

Je mehr sich Anschauung und Idee in der ästhetischen Betrachtung einander annähern, desto größer ist die Harmonie der Erkenntnisvermögen, desto stärker das *Gefühl der Lust*, desto vollkommener das *Ideal der Schönheit* [224], das in der Vorstellung besteht, eine Idee werde geradezu einer individuellen Darstellung gerecht: *Hieraus folgt aber, daß das höchste Muster, das Urbild des Geschmacks eine bloße Idee sei, die jeder in sich selbst hervorbringen muß, und wonach er alles, was Objekt des Geschmacks, was Beispiel der Beurteilung durch Geschmack sei, und selbst den Geschmack von jedermann beurteilen muß. Idee bedeutet eigentlich einen Vernunftbegriff, und Ideal die Vorstellung eines einzelnen als einer Idee adäquaten Wesens [...] Es wird aber bloß ein Ideal der Einbildungskraft sein, eben darum, weil es nicht auf Begriffen, sondern auf der Darstellung beruht; das Vermögen der Darstellung aber ist die Einbildungskraft.* [225]

Da *das Ideal des Schönen* Distanz zur reinen Vernunftidee zu wahren hat, entdeckt und genießt die ästhetische Betrachtung die Schönheit eines Gegenstandes, ohne ihm einen Zweck zuzusprechen (wie es das Relationsmoment des ästhetisch Schönen fordert): *Schönheit ist Form der Zweckmäßigkeit eines Gegenstandes, sofern sie ohne Vorstellung eines Zwecks an ihm wahrgenom-*

men wird.[226] Schließlich, nach der Modalität betrachtet, ist der Grad an Verbindlichkeit, den das Geschmacksurteil beanspruchen kann, nicht mehr, aber auch nicht weniger als eine *subjektive Notwendigkeit*, sodass unter der Voraussetzung einer einheitlichen Konstitution der menschlichen Subjekte – der *Idee eines Gemeinsinnes*[227] – das Geschmacksurteil zwar subjektiv, aber dennoch transzendental a priori und damit allgemein ist: *Die Notwendigkeit der allgemeinen Bestimmung, die in einem Geschmacksurteil gedacht wird, ist eine subjektive Notwendigkeit, die unter der Voraussetzung eines Gemeinsinns als objektiv vorgestellt wird.*[228]

Doch die ästhetische Urteilskraft ist nicht nur wirksam im harmonischen Wechselspiel der Erkenntnisvermögen bei der Betrachtung eines *schönen* Gegenstandes. Dem *Erhabenen* ist das zweite, abschließende Buch der *Kritik der ästhetischen Urteilskraft* gewidmet: *Das Schöne der Natur betrifft die Form des Gegenstandes, die in der Begrenzung besteht; das Erhabene ist dagegen auch an einem formlosen Gegenstande zu finden, sofern Unbegrenztheit an ihm oder durch dessen Veranlassung vorgestellt und doch Totalität derselben hinzugedacht wird: so daß das Schöne für die Darstellung eines unbestimmten Verstandesbegriffs, das Erhabene aber eines dergleichen Vernunftbegriffs genommen zu werden scheint. Also ist das Wohlgefallen dort mit der Vorstellung der Qualität, hier aber der Quantität verbunden.*[229]

Eine Harmonie, die bei der Betrachtung eines schönen Gegenstandes im Zusammenspiel der subjektiven Vermögen erzeugt wird, erregt die Betrachtung eines erhabenen Gegenstandes nicht, sondern, im Gegenteil, das Erhabene überfordert das sinnliche Fassungsvermögen und erfordert die absolute Norm der Vernunft. Mit dem Gefühl der Lust verbunden ist das Erhabene nur mittelbar, nach dem Schock, wenn das unbegrenzte Große seine Grenze und Erfassung durch die Vernunft erfährt, durch die *andere* Kraft im Menschen, die erst wirksam wird, wenn das *begrenzte* Vermögen der Anschauung überwunden ist und auf das höchste Vermögen rekurriert wird. Das Erhabene, wenn es sich der sinnlichen Anschauung aufdrängt, die es nicht zu fassen vermag, bewirkt *Unlust*, Ungenügen und zumindest das Gefühl der Unfähigkeit, um dann jedoch, wenn die reine Vernunft rettend tätig wird, umzuschlagen in ein Gefühl der *Lust, welche nur indirecte entspringt, näm-*

lich so, daß sie durch das Gefühl einer augenblicklichen Hemmung der Lebenskräfte und darauf sogleich folgenden desto stärkeren Ergießung derselben erzeugt wird. [230]

Erhaben ist ein Gegenstand, der als *schlechthin groß*, als *über alle Vergleichung groß* bezeichnet wird. Besteht diese Größe in der Ausdehnung, der Quantität, so ist das Erhabene *mathematisch* [231], gerät aber das Große in Bewegung, besteht die Größe in der Wucht der Bewegung, in der Gewalt, so ist das Erhabene *dynamisch* [232]. Beide Formen des Erhabenen haben gemeinsam, sich dem Maßstab der Sinnlichkeit zu entziehen. *Aber eben darum, daß in unserer Einbildungskraft ein Bestreben zum Fortschritte ins Unendliche, in unserer Vernunft aber ein Anspruch auf absolute Totalität als auf eine reelle Idee liegt, ist selbst jene Unangemessenheit unseres Vermögens der Größenschätzung der Dinge der Sinnenwelt für diese Idee die Erweckung des Gefühls eines übersinnlichen Vermögens in uns.* [233]

Übersteigt das Erhabene die sinnliche Fassungskraft, nähert es sich der die Erfahrung überschreitenden Ideen des kategorischen Imperativs und fordert nicht weniger Achtung: *Das Gefühl der Unangemessenheit unseres Vermögens zur Erreichung einer Idee, die für uns Gesetz ist, ist Achtung.* [234] Der Bezug des Erhabenen zum Moralischen ist damit erreicht.

Das *Schöne* wie das *Erhabene* stehen in der Hierarchie in der Mitte zwischen Erkennbarem und Unerkennbarem als Verbindung und Vermittlung: *Das Angenehme ist, als Triebfeder der Begierden, durchgängig von einerlei Art [...] und läßt sich also durch nichts als die Qualität verständlich machen. Es kultiviert auch nicht, sondern gehört zum bloßen Genusse. – Das Schöne erfordert dagegen die Vorstellung einer gewissen Qualität des Objekts, die sich auch verständlich machen und auf Begriffe bringen läßt (wiewohl es im ästhetischen Urteile darauf nicht gebracht wird); und kultiviert, indem es zugleich auf Zweckmäßigkeit im Gefühle der Lust acht zu haben lehrt. – Das Erhabene besteht bloß in der Relation, worin das Sinnliche in der Vorstellung der Natur für einen möglichen übersinnlichen Gebrauch desselben als tauglich beurteilt wird. – Das Schlechthin-Gute, subjektiv nach dem Gefühle, welches es einflößt, beurteilt (das Objekt des moralischen Gefühls), als die Bestimmbarkeit der Kräfte des Subjekts durch die Vorstellung eines schlechthin-nötigenden Gesetzes, unterscheidet sich vornehmlich durch die Modalität einer auf Begriffen a priori beruhenden*

Notwendigkeit, die nicht bloß Anspruch, sondern auch Gebot des Beifalls für jedermann in sich enthält, und gehört an sich zwar nicht für die ästhetische, sondern die reine intellektuelle Urteilskraft; wird auch nicht in einem bloß reflektierenden, sondern bestimmenden Urteile, nicht der Natur, sondern der Freiheit beigelegt.[235]

Hier verläuft Kants kritische Front gegen die Stürmer und Dränger; Affekt, Leidenschaft, reines Gefühl – dieser Bereich der *Empfindelei*[236] ist ihm das Terrain der niederen Sinnlichkeit, von dem kein Weg in die Höhe zur Moral führt. Erschlaffung, Schwäche, Katzenjammer und Katerstimmung sind ihm die unerfreulichen und notwendigen Folgen, verzichtet ein Kunstwerk auf den Bezug zur Idee: *Romane, weinerliche Schauspiele, schale Sittenvorschriften, die mit (obzwar fälschlich) sogenannten edeln Gesinnungen tändeln, in der Tat aber das Herz welk und für die strenge Vorschrift der Pflicht unempfindlich, alle Achtung für die Würde der Menschheit in unserer Person und das Recht der Menschen (welches ganz etwas anderes als ihre Glückseligkeit ist) und überhaupt aller festen Grundsätze unfähig machen [...]: vertragen sich nicht einmal mit dem, was zur Schönheit, weit weniger aber noch mit dem, was zur Erhabenheit der Gemütsart gezählt werden könnte.*[237]

Wer so entschieden ablehnt, was auch 1790 noch verbreitete Konzeption einer Kunst war, obgleich Goethe bereits aus Italien zurückgekehrt war, ist verpflichtet, nun seinerseits eine Kunstkonzeption zu entwerfen: *Dagegen aber behaupte ich, daß ein unmittelbares Interesse an der Schönheit der Natur zu nehmen (nicht bloß Geschmack haben, um sie zu beurteilen), jederzeit ein Kennzeichen einer guten Seele sei; und daß, wenn dieses Interesse habituell ist, es wenigstens eine dem moralischen Gefühl günstige Gemütsstimmung anzeige, wenn es sich mit der Beschauung der Natur gerne verbindet.*[238]

Die *gute Seele* Kants ist eine Schwester der «schönen Seele» Schillers, ein Wesen auf dem Wege zur moralischen Wahrheit, dessen Richtung über die Kunst zur Moral führt und auf dem der Künstler in der «ästhetischen Erziehung des Menschengeschlechts» die Aufgabe hat, den ungezähmten Naturmenschen für den hohen Unterricht des Moralisten vorzubereiten. Der Künstler erhält, auch und gerade im sozialen Gefüge, eine entscheidende Aufgabe (deren Bewältigung während und nach der Französischen Revolution sowohl Kant wie Schiller möglich und notwendig erschien) und ist nicht länger der empfindsame Schwärmer, der sich allein in seinen permanenten Sonntagsgefühlen verstrickende «Werther», sondern für Kant und noch stärker für Schiller die letzte, große Chance, die Vermögen zur Einheit der politisch-moralisch tatkräftigen Persönlichkeit zu bringen.

Dem «Genie» fällt die Aufgabe zu, die Regeln dieser Kunst aufzustellen: *Genie ist das Talent (Naturgabe), welches der Kunst die Regel gibt.*[239] Natur und Kunst stehen dabei im Wechselspiel gegenseitiger Bezüglichkeit: *An einem Produkte der schönen Kunst muß man sich bewußt werden, daß es Kunst sei, und nicht Natur; aber doch muß die Zweckmäßigkeit in der Form desselben von allem Zwange willkürlicher Regeln so frei scheinen, als ob es ein Produkt der bloßen Natur sei.*[240] Kunst trennt sich als freie Handlung von der Natur und deren Gesetz der Notwendigkeit, ist individuell und einmalig, sodass das Genie *Originalität* als *erste Eigenschaft*[241] besitzen muss. Nicht der Natur unterworfen, ihr aber dennoch verwandt, um nicht in die Irre der krassen Vereinzelung zu geraten, muss doch zugleich die Norm, die der Künstler als Genie setzt, dem Gesetz der Natur verwandt sein: *exemplarisch*[242], somit eine Regel. Kunst, die der Natur verwandt und als freie Handlung doch nicht ihrer Gesetzmäßigkeit unterworfen, andererseits aber als verbindliche Regel nicht Akt willkürlicher Freiheit ist, steht auf der schmalen, kaum definierbaren Grenze zwischen Natur und Moral. Folge und Gefahr ist, *daß es [das Genie], wie es sein Produkt zustande bringe, selbst nicht beschreiben oder wissenschaftlich anzeigen könne, sondern daß es als Natur die Regel gebe.*[243]

Um der Kunst einen eigenen Tempel zu bauen, schafft Kant die *ästhetischen Ideen*, in der Mitte zwischen Sinnlichkeit und Vernunft: *Man kann dergleichen Vorstellungen der Einbildungskraft Ideen nennen: einesteils darum, weil sie zu etwas über die Erfahrungsgrenze hinaus Liegendem wenigstens streben und so einer Darstellung der Vernunftbegriffe (der intellektuellen Ideen) nahe zu kommen suchen, welches ihnen den Anschein einer objektiven Realität gibt; anderseits und zwar hauptsächlich, weil ihnen als inneren Anschauungen kein Begriff völlig adäquat sein kann. Der Dichter wagt es, Vernunftideen von unsichtbaren Wesen, das Reich der Seligen, das Höllenreich, die Ewigkeit, die Schöpfung u. dgl. zu versinnlichen.*[244]

Was in der Kunst geleistet werden soll, ist daher nicht mehr, aber auch nicht weniger als die *Analogie*[245] von Erfahrungsgegenstand und Vernunftgesetz. Gelingt es dem Künstler, einen Gegenstand original zu gestalten und dennoch als exemplarisch auszuweisen, so allgemein verbindlich wie die Idee der Vernunft, dann hat er ein *Symbol*[246] geschaffen. Die Versinnlichung der Idee und die Vergeistigung der Natur haben sich einander maximal und optimal in der Analogie genähert, und es ist allein der Künstler, der diese Brücke zu schlagen vermag: *Alle Hypotypose (Darstellung, subiectio sub adspectum) als Versinnlichung ist zwiefach: entweder schematisch, da einem Begriffe, den der Verstand faßt, die korrespondierende Anschauung a priori gegeben wird; oder symbolisch, da einem Begriffe, den nur die Vernunft denken, und dem keine sinnliche Anschauung angemessen sein kann, eine solche untergelegt wird, mit welcher das Verfahren der Urteilskraft demjenigen, was sie im Schematisieren beobachtet, bloß analogisch ist, d. i. mit ihm bloß der Regel dieses Verfahrens, nicht der Anschauung selbst, mithin bloß der Form der Reflexion, nicht dem Inhalte nach übereinkommt.*[247]

Wahre Kunst als Verbindung in der Analogie von Anschauung und Idee ist daher erreicht, wenn das Schöne *in der Erscheinung* sich der Idee nähert, der Sittlichkeit, und zu ihrem Symbol wird: *Das Schöne ist das Symbol des Sittlichguten.*[248] Taucht in der Kunst die Möglichkeit auf, Sinnlichkeit und Vernunft erneut zu verbinden, sei es nur im *Symbol,* so leuchtet damit zugleich die Chance auf, die Einheit des Subjekts zu retten, das durch die kritisch notwendige Trennung gespalten zu werden droht. Kant hat auf diese Wurzel als mögliche Einheit gedeutet, auf das künstlerische Vermögen, das sich ihm jedoch als umfassende und begründende subjektive Fähigkeit entzog: *[...] in welchem das theoretische Vermögen mit dem praktischen auf gemeinschaftliche und unbekannte Art zur Einheit verbunden wird.*[249]

Dennoch hat Kant nicht versäumt, auch konkret über die einzelnen Künste zu urteilen, wie es ihm angemessen erschien aufgrund des gelegten kritischen Fundaments. In der *Vergleichung des ästhetischen Werts der schönen Künste untereinander*[250] hat er eine Abrechnung und Aufrechnung über den Grad der jeweiligen künstlerischen Verbindlichkeit von Dichtung, Architektur, *Lustgärtnerei,* Musik, Rhetorik und anderen durchgeführt.

Die Dichtkunst hat er, mit den klassischen Poeten vertraut, an die Spitze der Pyramide der Künste gestellt, dagegen die Musik zu *den untersten* [251] gerechnet, *weil sie bloß mit Empfindungen spielt.* [252] Persönlich, aber auch zeitbedingt ist die Stellung, die den einzelnen Künsten angewiesen wird. Obgleich später der Militärmusik recht zugetan, erregte Musik jeder Art zur Zeit der Abfassung der *Kritik der Urteilskraft* seinen Zorn: *Außerdem hängt der Musik ein gewisser Mangel an Urbanität an, daß sie, vornehmlich nach Beschaffenheit ihrer Instrumente, ihren Einfluß weiter, als man ihn verlangt (auf die Nachbarschaft), ausbreitet und so sich gleichsam aufdringt, mithin der Freiheit anderer, außer der musikalischen Gesellschaft, Abbruch tut.* [253]

War die *ästhetische* Urteilskraft wirksam im zweckmäßigen Wechselspiel der subjektiven Vermögen, so ist die *Zweckmäßigkeit* der teleologischen Betrachtungsweise am Gegenstande selbst vorfindlich, eine *objektive Zweckmäßigkeit der Natur.* Die teleologische Betrachtungsweise, am Objekt orientiert, muss sich aber von der Erkenntnisfunktion des Verstandes abheben, die den Gegenstand konstituiert; sie ist (wie die ästhetische Beurteilung) *bloß ein regulatives Prinzip für die Beurteilung der Erscheinung. Gleichwohl wird die teleologische Beurteilung, wenigstens problematisch, mit Recht zur Naturforschung gezogen; aber nur, um sie nach der* A n a l o g i e *mit der Kausalität nach Zwecken unter Prinzipien der Beobachtung und Nachforschung zu bringen, ohne sich anzumaßen, sie darnach zu* e r k l ä r e n. *Sie gehört also zur reflektierenden, nicht zu der bestimmenden Urteilskraft. Der Begriff von Verbindungen und Formen der Natur nach Zwecken ist doch wenigstens* e i n P r i n z i p m e h r, *die Erscheinungen derselben unter Regeln zu bringen, wo die Gesetze der Kausalität nach dem bloßen Mechanism derselben nicht zulangen.* [254]

Soll das Recht der teleologischen Betrachtungsweise wirksam werden, muss in der Realität ein Gegenstand auffindlich sein, der in seinem Wesen vom Verstand nicht erkannt wird und eines anderen Erschließungsprinzips bedarf; ein solcher ist jeder Organismus, das lebendige Prinzip, das nicht allein der Kausalität unterworfen ist: *Soll aber ein Ding als Naturprodukt in sich selbst und seiner inneren Möglichkeit doch eine Beziehung auf Zwecke enthalten, d. i. nur als Naturzweck und ohne die Kausalität der Begriffe von vernünftigen Wesen außer ihm möglich sein, so wird* z w e i t e n s *dazu er-*

Kritik der Urteilskraft

fordert, daß die Teile desselben sich dadurch zur Einheit eines Ganzen verbinden, daß sie voneinander wechselseitig Ursache und Wirkung ihrer Form sind.[255]

Im Organismus schließt die Zweckmäßigkeit alle Teile zu einem Ganzen, einer Einheit, einem Kosmos zusammen, und die teleologische Urteilskraft, auf die letzte Einheit in der Betrachtung eines Gegenstandes ausgerichtet, strebt ihrem letzten, natürlichen, höchsten Ruhepunkt entgegen: *In einem solchen Produkt der Natur wird ein jeder Teil, so wie er nur d u r c h alle übrigen da ist, auch als u m d e r a n d e r e n und des Ganzen w i l l e n existierend, d. i. als Werkzeug (Organ) gedacht; welches aber nicht genug ist (denn er könnte auch Werkzeug der Kunst sein und so nur als Zweck überhaupt vorgestellt werden), sondern als ein die anderen Teile (folglich jeder den anderen wechselseitig) h e r v o r b r i n g e n d e s Organ, dergleichen kein Werkzeug der Kunst, sondern nur der allen Stoff zu Werkzeugen (selbst denen der Kunst) liefernden Natur sein kann; und nur dann und darum wird ein solches Produkt als o r g a n i s i e r t e s u n d s i c h s e l b s t o r g a n i s i e r e n d e s W e s e n ein N a t u r z w e c k genannt werden können.*[256]

In einem solchen Organismus wird nicht (wie in der Maschine) *lediglich bewegende Kraft* vorausgesetzt, sondern zu seiner Existenz *bildende Kraft, eine sich fortpflanzende bildende Kraft,* sodass die Natur sich selbst organisiert in ihren Produkten als sie selbst und doch ausgestaltet in vielerlei *schicklichen Abweichungen, die die Selbsterhaltung nach den Umständen erfordert.*[257]

Das Prinzip der teleologischen Urteilskraft, in seiner Kompetenz im Bereich des Organischen ausgewiesen, wird nun zum *Leitfaden* der Betrachtung aller Gegenstände: *Man ist durch das Beispiel, das die Natur an ihren organischen Produkten gibt, berechtigt, ja berufen, von ihr und ihren Gesetzen nichts, als was im ganzen zweckmäßig ist, zu erwarten.*[258] Die *Idee eines großen Systems der Zwecke*[259] ist der Versuch, die Einheit der Erfahrung mit dem regulativ-reflektiven Prinzip der Urteilskraft zu erreichen, da der Verstand als konstitutives Vermögen die Natur in ihrem absoluten Umfang nicht zu fassen vermag.

Bei der Betrachtung der Natur in ihrer Zufälligkeit des Zwecks drängt die teleologische Betrachtung fort von Zweck zu Zweck bis zum Endzweck, mag dieser auch nicht mehr in der Natur selbst, sondern jenseits ihrer allein in der Theologie liegen: *Daher machen auch die Naturdinge, welche wir nur als Zwecke möglich finden, den vornehmsten Beweis für die Zufälligkeit des Weltganzen aus, und sind der einzige für den gemeinen Verstand ebensowohl als den Philosophen geltende Beweisgrund der Abhängigkeit und des Ursprungs desselben von einem außer der Welt existierenden, und zwar (um jener zweckmäßigen Form willen) verständigen Wesens; daß also die Teleologie keine Vollendung des Aufschlusses für ihre Nachforschungen, als in einer Theologie findet.* [260]

Das teleologische Prinzip stößt denknotwendig auf einen theologischen Grund der Welt, und es drohte die Gefahr, einem neuen Gottesbeweis zu unterliegen, wäre die teleologische Urteilskraft nicht rein reflektierend-regulativ ausgerichtet. Subjektiv notwendig denkbar ist nicht objektiv erkennbar, aber dennoch möglich: *Was beweist nun aber am Ende auch die allervollständigste Teleologie? Beweist sie etwa, daß ein solches verständiges Wesen da sei? Nein; nichts weiter, als daß wir nach Beschaffenheit unserer Erkenntnisvermögen, also in Verbindung der Erfahrung mit den obersten Prinzipien der Vernunft, uns schlechterdings keinen Begriff von der Möglichkeit einer solchen Welt machen können, als so, daß wir uns eine a b s i c h t l i c h - w i r k e n d e oberste Ursache derselben denken.* [261] Ein Gott wird nicht erkannt, nur hypostasiert, als unerkennbarer, aber dennoch notwendiger Zielpunkt der teleologischen Betrachtungsweise gesetzt: *Wir können uns die Zweckmäßigkeit, die selbst unserer Erkenntnis der inneren Möglichkeit vieler Naturdinge zum Grunde gelegt werden muß, gar nicht anders denken und begreiflich machen, als indem wir sie und überhaupt die Welt uns als ein Produkt einer verständigen Ursache (eines Gottes) vorstellen.* [262]

Das *heuristische Prinzip* [263] der Teleologie erfordert, jeder Erscheinung einen Zweck, jedem Zweck einen anderen Zweck und jedem Bild ein Urbild unterzulegen. Die Wirklichkeit eines solchen Urbildes ist lediglich subjektiv notwendig zur Betrachtung; ihr Wahrheitsgehalt übersteigt nicht die Analogie: *Diese Analogie der Formen, sofern sie bei aller Verschiedenheit einem gemeinschaftlichen Urbilde gemäß erzeugt zu sein scheinen, verstärkt die Vermutung einer wirklichen Verwandtschaft derselben in der Erzeugung von einer gemeinschaftlichen Urmutter.* [264]

Zahlreiche Blumen auf die eine, wesenhafte Blume, viele, ja alle vorfindlichen Pflanzen auf die «Urpflanze» zurückzuführen,

| Kritik der Urteilskraft

das ist das Prinzip der Naturbetrachtung Goethes, besonders auf der «Italienischen Reise», sodass Kants Darstellung ihm Ausdruck eigener naturwissenschaftlicher Bemühungen sein musste: *Eine Hypothese von solcher Art kann man ein gewagtes Abenteuer der Vernunft nennen; und es mögen wenige, selbst von den scharfsinnigsten Naturforschern, sein, denen es nicht bisweilen durch den Kopf gegangen wäre.*[265]

Der Ruhe- und Gipfelpunkt des teleologischen Prinzips ist die absolute, nicht weiter bedingte Freiheit des Menschen: *So ist der Mensch der Schöpfung Endzweck*[266], als *Noumenon betrachtet*[267] das einzige Naturwesen, das ein übersinnliches Vermögen – nämlich die Freiheit – besitzt und das Gesetz der Kausalität durchbrechen kann, hin auf einen (auch theologisch verstandenen) höchsten Zweck, das *höchste Gut*[268] in der Welt, auf sich selbst als moralisches Wesen. Denn: *Von dem Menschen nun (und so jedem vernünftigen Wesen in der Welt) als einem moralischen Wesen kann nicht weiter gefragt werden: wozu (quem in finem) er existiere.*[269]

Der Mensch, als Naturwesen betrachtet, bleibt Fragment, abhängig und unfrei. *Physiko-Theologie*[270] erweist sich als unmöglich, ist lediglich *mißverstandene physische Teleologie*[271], die nicht ins Ziel einer wirklichen Theologie führen kann, da die Voraussetzung der Theologie, die Erreichung des Endzwecks, nicht erfüllt wird. Der Weg zur Theologie über die Teleologie, zum Endzweck über den Zweck, von der Kausalität zur Freiheit ist daher notwendig ein Prinzip der *Ethiko-Theologie.*[272] Nur als moralisches Wesen ist der Mensch ein *Endzweck der Schöpfung*[273] und mit allen anderen Endzwecken, selbst mit dem Gottes, auf gleicher, moralischer Basis verbunden: *Aus diesem so bestimmten Prinzip der Kausalität des Urwesens werden wir es nicht bloß als Intelligenz und gesetzgebend für die Natur, sondern auch als gesetzgebendes Oberhaupt in einem moralischen Reiche der Zwecke denken müssen. In Beziehung auf das h ö c h s t e unter seiner Herrschaft allein mögliche G u t, nämlich die Existenz vernünftiger Wesen unter moralischen Gesetzen, werden wir uns dieses Urwesen als a l l w i s s e n d denken: damit selbst das Innerste der Gesinnungen (welches den eigentlichen moralischen Wert der Handlungen vernünftiger Weltwesen ausmacht) ihm nicht verborgen sei; als a l l m ä c h t i g: damit es die ganze Natur diesem höchsten Zwecke angemessen machen könne; als a l l g ü t i g und zugleich g e r e c h t: Weil diese beiden Eigenschaften (vereinigt die Weisheit) die Bedingungen der Kausalität einer obersten Ursache der Welt als höchsten Guts unter moralischen Gesetzen ausmachen; und so auch alle noch übrigen transzendentalen Eigenschaften, als Ewigkeit, Allgegenwart usw. (denn Güte und Gerechtigkeit sind moralische Eigenschaften), die in Beziehung auf einen solchen Endzweck vorausgesetzt werden, an demselben denken müssen. – Auf solche Weise ergänzt die moralische Teleologie den Mangel der physischen, und gründet allererst eine Theologie.*[274]

Die Teleologie mündet in die Moral, und beide sind mit der Theologie identisch: *Folglich müssen wir eine moralische Welturache (einen Welturheber) annehmen, um uns gemäß dem moralischen Gesetze einen Endzweck vorzusetzen, und, soweit als das letztere notwendig ist, soweit (d. i. in demselben Grade und aus demselben Grunde) ist auch das erstere notwendig anzunehmen: nämlich es sei ein Gott.*[275]

Kein anderer Weg, nicht der des sola fide oder des servo arbitrio, sondern nur der des libero arbitrio des Erasmus führt zum Gott: *Gesetzt also, ein Mensch überredete sich, teils durch die Schwäche aller so sehr gepriesenen spekulativen Argumente, teils durch manche in der Natur und Sinnenwelt ihm vorkommende Unregelmäßigkeiten bewogen, von dem Satze: es sei kein Gott, so würde er doch in seinen eigenen Augen ein Nichtswürdiger sein, wenn er darum die Gesetze der Pflicht für bloß eingebildet, ungültig, unverbindlich halten und ungescheut zu übertreten beschließen wollte.*[276] Auch die Konsequenz: Moral ohne Theologie, wird, demonstriert an Spinoza, radikal gezogen: *Wir können also einen rechtschaffenen Mann (wie etwa den Spinoza) annehmen, der sich fest überredet hält, es sei kein Gott und (weil es in Ansehung des Objekts der Moralität auf einerlei Folge hinausläuft) auch kein künftiges Leben.*[277]

Schon hier wird deutlich, dass die dogmatische Theologie in der Moral eingeschmolzen ist, dass der Mensch als moralisches Wesen und nicht als homo religiosus der *Endzweck der Schöpfung* ist. Das Ideal der Aufklärung, mit der Vernunft sich allen Phänomenen, auch denen der Theologie zu nähern, ist hier in großartig umfassender Weise erfüllt. Es musste aber auch an die Schranken einer Zeit stoßen, die mit der Romantik und einer neuen Religiosität allein durch den Glauben, wie sie in Friedrich Wilhelm II. verkörpert wurde, begann, sodass der Zusammenprall mit der Obrigkeit nach dem Erscheinen der Schrift *Die Religion innerhalb der Grenzen der bloßen Vernunft* an innerer Notwendigkeit dem Atheismusstreit nicht nachstand, den Fichte fünf Jahre später in ähnlicher Weise in Jena auslöste.

DIE RELIGION INNERHALB DER GRENZEN DER BLOSSEN VERNUNFT

Um beurteilen zu können, mit welchem Grad an Notwendigkeit Kants Religionsschrift mit der protestantischen Kirche Preußens kollidieren musste, ist es unerlässlich, in der Schrift die Gewaltsamkeit nachzuweisen, mit der Kant den Kirchenglauben seinem

«Die Religion innerhalb der Grenzen der bloßen Vernunft». Titelblatt der Erstausgabe, 1793

bereits errichteten denkerischen System einordnete. Erst die Radikalität der Subordination allen Glaubens unter die Vorherrschaft der reinen Vernunft erklärt die Aggressivität, die die preußische Zensurbehörde anwandte, um die protestantische Kirche und ihren eifrigen Beschützer, den König Friedrich Wilhelm II., vor der Häresie des reinen Denkens zu schützen. Wird auf das historisch so geläufige Alibi verzichtet, dass lediglich ein administratives Versagen unterer Chargen vorliegt, so ist es sinnvoll, den antikirchlichen Gehalt der Schrift der politischen Affäre vorauszuschicken, um den Maßstab für die – auch juristische – Verwicklung zu finden.

Schon der Titel *Die Religion innerhalb der Grenzen der bloßen Vernunft* setzt einen polemischen Anspruch und steht in der Fortsetzung der drei Kritiken, alle Gebiete des Wissens und auch des Glaubens der Vernunft, der höchsten menschlichen Instanz, zu unterwerfen. Im Gegensatz zu den drei Kritiken ist diese Schrift am wenigsten systematisch und auch nicht als Buchpublikation konzipiert, sondern sie war, wie zahlreiche kleinere Arbeiten Kants, für die «Berlinische Monatsschrift» vorgesehen. Vier inhaltlich verbundene, aber dennoch in sich abgeschlossene Aufsätze sind vereinigt zu einer Be- und Aburteilung der Religion, die, schon in anderen Schriften, vor allem in der *Kritik der Urteilskraft*, sporadisch behandelt, hier aber als wichtiger Baustein dem System eingefügt wird.

Das erste Kapitel setzt gleichsam auf der niedersten moralischen Stufe ein, religiös gesehen im Bereich des Bösen, dessen der Mensch als freies Wesen notwendigerweise fähig ist. Diese Fähigkeit, das Indiz seiner Freiheit, zeugt *Von der Einwohnung des bösen Prinzips neben dem Guten: oder über das radikale Böse in der menschlichen Natur* (so der Titel des 1. Abschnitts). Die Freiheit als Absolutum ist unerforschlich, nicht hinterfragbar und der vortheoretische Abgrund, in den keine Kritik zu schauen vermag: *Wenn wir also sagen: der Mensch ist von Natur gut, oder: er ist von Natur böse, so bedeutet dieses nun soviel als: er enthält einen (uns unerforschlichen) ersten Grund der Annehmung guter oder der Annehmung böser (gesetzwidriger) Maximen, und zwar allgemein als Mensch.*[278] Das Verdienst einer Entscheidung zum Guten wird durch Gefahr und Verlockung einer jederzeit möglichen Hinwendung zum Bösen erkauft.

Diese Freiheit, auch und gerade die der Wahl des Bösen, ist *angeboren, von Natur*[279] dem Menschen eigen, doch nicht so, dass Möglichkeit und Fähigkeit zur Freiheit Wirklichkeit und Wahl zum Bösen als kausale Folge einbeziehen.

Die Freiheit als Eigenschaft, der alle Menschen teilhaftig sind, kann daher *ein natürlicher Hang des Menschen zum Bösen genannt werden: So werden wir diesen einen natürlichen Hang zum Bösen und, da er doch immer selbstverschuldet sein muß, ihn selbst ein r a d i k a l e s, angeborenes (nichtsdestoweniger aber uns von uns selbst zugezogenes) B ö s e in der menschlichen Natur nennen können.*[280]

Böse in radikalem Sinn ist der Mensch dadurch, dass er böse sein kann; böse im Sinne von Schuld wird er dadurch, dass er schlechte, das heißt sinnliche, nicht gesetzliche Maximen zum Grund seiner Handlungen nimmt. Für diese Entscheidung zum Bösen, nicht für die Fähigkeit zur Entscheidung, ist er verantwortlich, nicht für seine Freiheit, sondern für deren Missbrauch. Schuld erwächst nicht aus dem Hang, böse handeln zu können, ist nicht an eine böse Anlage, an ein die Freiheit kompromittierendes Erbgut seit Adam und bis zum Jüngsten Gericht gebunden.

Die Befreiung von der Übernahme ererbter Schuld als tradierter Hypothek der Väter ermöglicht und fordert radikale Selbstverantwortung – ganz im Sinne der absoluten Freiheit Jean-Paul Sartres. Der Weg, der über die freie Entscheidung zur bösen Tat führt, ist das Scheitern einer besseren, unbedingten Möglichkeit, die durch keinen Fehltritt verloren geht: *Eine jede böse Handlung muß, wenn man den Vernunftursprung derselben sucht, so betrachtet werden, als ob der Mensch unmittelbar aus dem Stande der Unschuld in sie geraten wäre.*[281] Der Stand der Unschuld bleibt unbefleckbar, der Sündenfall ist durch jede gute Tat jederzeit erneut revidierbar, da die *Anlage zum Guten*[282] nicht verkümmern kann und der *Kampf des guten Prinzips mit dem Bösen um die Herrschaft über den Menschen*[283] jederzeit erneut möglich ist (so der Titel des 2. Abschnitts).

Wird das Verhältnis, das den Menschen an einen Gott als den – moralischen – Welturheber kettet, vor allem (wenn nicht ausschließlich) moralisch und nicht theologisch gesehen, so unterhöhlt der Anspruch der Ethik das Gebäude der Kirche und ihren Glauben, soweit sie nicht moralisch fundiert sind. Gnade, die aus der Willkür eines unberechenbaren (tyrannischen) Gottes fließt, widerspricht seinem Wesen als höchstem moralisch gerechten Richter, ist Häresie. Seine Dogmatik fußt in seiner Ethik: *Alle Expiationen, sie mögen von der büßenden oder feierlichen Art sein, alle Anrufungen und Hochpreisungen (selbst die des stellvertretenden Ideals des Sohnes Gottes) werden den Mangel der ersteren [Ethik] nicht ersetzen oder, wenn diese da ist, ihre Gültigkeit vor jenem Gerichte nicht im mindesten vermehren können.* [284]

Das Wunder, das Asyl des Glaubens, wird auf die Vorschrift der Pflicht zurückgeführt: *Denn es verrät einen sträflichen Grad moralischen Unglaubens, wenn man den Vorschriften der Pflicht, wie sie ursprünglich ins Herz des Menschen durch die Vernunft geschrieben sind, anders nicht hinreichende Autorität zugestehen will, als wenn sie noch dazu durch Wunder beglaubigt werden: «wenn ihr nicht Zeichen und Wunder seht, so glaubt nicht».* [285] Das Wunder in seiner historischen Gestalt – etwa in der Bibel – wird zur Hülle für den Wert, zum Symbol der Moral, deren Anspruch, selbst unsichtbar, sich der individuellen Gestalt eines einmaligen Geschehens bedient.

Verhindert das Wunder den Zugang zum Zentrum der Religion, ihrem moralischen Kern, so wird der dogmatische Christus – wie ihn das protestantische Glaubensbekenntnis und nicht nur dieses formuliert – zum Ärgernis schlechthin. Der theologisch fundierte, religiös und moralisch indifferente Vorgang der jungfräulichen Geburt entzieht sich der theoretischen Überprüfbarkeit, *obzwar dadurch eben nicht schlechthin verneint würde, daß er [Christus] nicht auch wohl ein übernatürlich erzeugter Mensch sein könne* [286]. Theoretisch erheblichen Schwierigkeiten ausgesetzt, ist die Gestalt des dogmatischen Christus in praktischer Absicht ein Hindernis für die Entfaltung einer moralischen Religion. Die evangelische Botschaft, dass Gott durch und in Christus das Gespräch mit den Menschen erneuert hat, verbietet, in ihm einen moralisch vollkommenen Menschen zu sehen. Seine göttliche Kraft enthebt ihn der menschlichen Schwere, sein Sieg wird der billige Triumph eines Scheingefechts, wäre der Menschensohn göttlicher Vorzüge (als Gottessohn) teilhaftig. *Denn wenngleich jenes Gott wohlgefälligen Menschen Natur insoweit als menschlich gedacht würde, daß er mit ebendenselben Bedürfnissen, folglich auch denselben Leiden, mit ebendenselben Naturneigungen, folglich auch eben solchen Versuchungen zur Übertretung wie wir behaftet, aber doch soferne als übermenschlich ge-*

| Die Religion innerhalb der Grenzen . . .

dacht würde, dass nicht etwa errungene, sondern angeborene unverän-
derliche Reinigkeit des Willens ihm schlechterdings keine Übertretung
möglich sein ließe, so würde diese Distanz vom natürlichen Menschen da-
durch wiederum so unendlich groß werden, daß jener göttliche Mensch
für diesen nicht mehr zum Beispiel aufgestellt werden könnte.[287]

Wird der Kirchenglaube als Symbol der Moral angesehen, so
ist nur natürlich, dass die Moral an die Stelle der Religion tritt, mit
ihr verschmilzt und ihren Anspruch erhebt. Die Pflicht, in unmittelbarem Sinn «sanktioniert», ist daher der Kompass für den
moralischen Zielpunkt, für den Sprung in die absolute Vollkommenheit, die Beseitigung alles Bösen aus den Maximen des freien
Willens und die Errichtung der – moralisch verstandenen – Statt-
halterschaft Gottes auf Erden: *Der Sieg des guten Prinzips über das*
böse und die Gründung eines Reiches Gottes auf Erden[288] (3. Abschnitt).

Gottesdienst wird zum moralischen Lebenswandel, dessen
Ziel die *Errichtung und Ausbreitung einer Gesellschaft nach Tugend-*
gesetzen[289] ist. *Durch die Vernunft* und für das *ganze Menschenge-*
schlecht verbindlich gefordert, wird *ein ethisches gemeines Wesen, ein*
ethischer Staat, d. i. ein Reich der Tugend (des guten Prinzips)[290] begründet. Da dieses Tugendreich (gemäß dem *ewigen Frieden*) sich
auf die allgemein verbindlichen Normen der Vernunft stützt, haf-
tet der moralischen Religion ein kosmopolitischer Anspruch an,
der sie von jedem politischen, auf nationaler Eigenheit beruhenden Zusammenschluss unterscheidet: *Übrigens, weil die Tugend-*
pflichten das ganze menschliche Geschlecht angehen, so ist der Begriff
eines ethischen gemeinen Wesens immer auf das Ideal des Ganzen aller
Menschen bezogen, und darin unterscheidet es sich von dem eines politi-
schen.[291]

Die Attribute des kirchlichen Gottes werden zu Symbolen um-
gedeutet, um auch für den moralischen Welturheber verbindlich
zu sein: *Also ist ein ethisches gemeines Wesen nur als ein Volk unter gött-*
lichen Geboten, d. i. als ein Volk Gottes und zwar nach Tugend-
gesetzen, zu denken möglich.[292] Das *Volk Gottes* lebt in einer *Repu-*
blik unter Tugendgesetzen, dem die *Rotte des bösen Prinzips*[293] ent-
gegengesetzt ist. Nicht nur die bewusst böse Vereinigung wider-
steht der *freiwilligen, allgemeinen und fortdauernden Herzensver-*
einigung[294], auch der Kirchenglaube, wenn er nicht streng an dem
Vernunftglauben[295] orientiert ist.

Es erweist sich jedoch, dass der Mensch, von dem reine Tugend für ein unsichtbares Reich der Gerechtigkeit gefordert wird, aus Schwäche nicht willens ist, ausschließlich und direkt diesem reinen Vernunftglauben anzuhängen. Auf dieser Schwäche begründet die sichtbare Kirche ihr institutionelles Recht, obgleich ihr nicht mehr als nur der Rang zugesprochen werden kann, *Mittel*[296] zur *Beförderung*[297] und *Ausbreitung*[298] der einen, reinen Religion zu sein. Werden die Statuten und Glaubensgesetze für sich betrachtet, so sind sie *im Grund moralisch indifferente Handlungen.*[299] Weil die Schwäche des Menschen den ritualen Kirchenglauben erfordert, erhält er eine – vorläufige – Berechtigung, wird zum *Vehikel*[300] des reinen Religionsglaubens.

Jede kirchliche Ausgestaltung, qua Mittel, konzediert die Möglichkeit anderer Mittel, die gleichfalls zum Ziel der einen Religion führen können. Die unsichtbare Kirche, die Reinheit der Moral spiegelt sich gleichermaßen und doch verschiedenartig in allen großen Kirchengründungen. Hier berühren sich Lessing und Kant unmittelbar; Kant fasst die Ringparabel philosophisch: *Es ist nur e i n e (wahre) R e l i g i o n; aber es kann vielerlei Arten des G l a u b e n s geben. – Man kann hinzusetzen, daß in den mancherlei sich der Verschiedenheit ihrer Glaubensarten wegen voneinander absondernden Kirchen dennoch eine und dieselbe wahre Religion anzutreffen sein kann.*[301]

Die Unterscheidung von Ritus und Moral hat, angewandt auf den christlichen Glauben, die Trennung *Vom Dienst und Afterdienst unter der Herrschaft des guten Prinzips oder von Religion und Pfaffentum*[302] (so Titel und Thema des 4. Abschnitts) zur Folge. *Christliche Religion*[303] wird, fußt sie als *christliche Lehre*[304] auf Fakten, zum *christliche Glauben*[305], der eine Kirche begründet. Der Dienst dieser Kirche gegenüber kann einerseits als *historischer Glaube*[306], andererseits als *praktischer und moralischer Vernunftglaube*[307] vollzogen werden: *Keiner von beiden kann in der christlichen Kirche als für sich allein bestehend von den anderen getrennt werden*[308], doch ist für den Wert der Kirche der Grad ihres moralischen Gehalts entscheidend. Drängt der Ritus heraus aus seiner dienenden Stellung als Mittel und wird zum Zweck, ja zum Selbstzweck, so erliegt die Kirche der Versuchung des *Afterdienstes*, der dort vollzogen wird, *wo der Offenbarungsglaube vor der Religion vorhergehen soll.*[309] Wird der Glaube auf Statuten (zugleich auf ein Volk eingeschränkt, so kann das mo-

Die Religion innerhalb der Grenzen ...

ralische Ziel der *allgemeinen Weltreligion*[310] nicht erreicht werden, sondern der Glaube verirrt sich zum *Religionswahn*[311]. Nicht nur führt alles, was den Glauben von der Moral unterscheidet, von dieser graduell fort, sondern ist moralisch sinn- und nutzlos: *Alles, was außer dem guten Lebenswandel der Mensch noch tun zu können vermeint, um Gott wohlgefällig zu werden, ist bloßer Religionswahn und Afterdienst Gottes.*[312]

Hat die Sittlichkeit abgedankt, beherrschen Glaubensregeln, Observanzen und statuarische Gesetze den Dienst in der Kirche, der, vom *Pfaffentum* vollzogen, zum *Fetischdienst*[313] wird. Wie weit sich die Kirche Preußens, der Protestantismus in Königsberg von dem Ideal der kantischen Moral entfernt hatte, wird nicht konkret beschrieben (wenngleich manche Anspielung gegen das Collegium Fridericianum zu zielen scheint), doch hat Kant die konkrete Situation seiner Zeit und Zeitgenossen vor Augen, wenn er, nach freier Verwendung eines biblischen Zitats, urteilt: *Die enge Pforte und der schmale Weg, der zum Leben führt, ist der des guten Lebenswandels, die weite Pforte und der breite Weg, den viele wandeln, ist die Kirche.*[314] Dass sich die Kirche Preußens getroffen fühlen konnte und musste, ergibt somit bereits der Gehalt der Schrift. Sie ist nicht die Fackel, leichtfertig geworfen von einem jungen Revolutionär, sondern der letzte, radikale Schritt eines sein System abschließenden Philosophen, der zum Zeitpunkt ihrer Publikation nicht weniger als siebzig Jahre alt war. Dieses Alter ist vielleicht der Schlüssel, das Verhalten und die Haltung Kants zu verstehen.

Der Konflikt, in den Kant 1794 mit der preußischen Regierung geriet, wird verständlich nur vor dem zeitgenössischen Hintergrund der Französischen Revolution; in ihr, die sich als Verwirklichung der Ideale der Aufklärung verstand, kompromittierte sich der Anspruch der Vernunft in der Raserei der Schreckensherrschaft, auch in den Augen Kants, der die ersten zwei Jahre der Revolution seine Zustimmung schenkte, doch seit 1793 enttäuscht war. Kurz bevor Johann Christoph von Wöllner zum «Cabinetts- und Premierminister» avancierte, war in Paris Ludwig XVI. guillotiniert worden; die Herrschaft der Jakobiner näherte sich ihrem Höhepunkt, und im übrigen Europa, besonders in Preußen, war die ideologische Gleichsetzung von Jakobiner, Aufklärer, Religionsverächter schnell gezogen. Zudem hatte sich mit dem Regie-

159

Hinrichtung Ludwigs XVI. von Frankreich am 21. Januar 1793 in Paris: Das Haupt wird der Menge gezeigt.
Zeitgenössische Radierung, koloriert

rungswechsel in Preußen ein Wandel in der Politik vollzogen, deutlich sichtbar in der Neubesetzung des «geistlichen Departements» (etwa des heutigen Kultusministeriums).

Nach dem Regierungswechsel (1786) war die preußische Regierung dem Königsberger Philosophen mit seiner europäischen Reputation zunächst überaus wohlgesinnt, hatte sein Gehalt um die Hälfte erhöht und sein Amt als Rektor bei den Huldigungsfeierlichkeiten geehrt. Der Wandel, wenn auch erst später Kant gegenüber wirksam, hatte seine Wurzel bereits in der Erziehung des Prinzen. Wöllner, der zunächst Freimaurer wurde, um seiner Karriere geschickt die Wege zu öffnen, war 1779 aus der Loge ausgeschieden und in den Orden der Rosenkreuzer eingetreten. In diesen Orden trat 1781 der Prinz ein, von Wöllner eingesegnet, der durch seine Ordensstellung zum eigentlichen Lehrer des zukünftigen Monarchen wurde, indem er die mystischen Neigungen des Prinzen förderte.

Zunächst, aus taktischen Rücksichten, wollte sich Friedrich Wilhelm II. des Aufklärers Freiherr von Zedlitz bedienen, um die aufklärerische Bewegung durch einen ihrer Protagonisten von innen heraus zu zerschlagen – schließlich hatte Kant ihm die *Kritik der reinen Vernunft* gewidmet. Nach dessen Weigerung und Auswechslung durch Wöllner wurde 1788 das Zensuredikt erlassen (daraufhin verließen 1791 die «Allgemeine Deutsche Bibliothek» sowie die «Berlinische Monatsschrift», der Kant wiederholt Beiträge überlassen hatte, Berlin). Eingesetzt wurde ein Kollegium von drei Männern – Hermes, Woltersdorff und Hillmer –, deren Aufgabe darin bestehen sollte, der «Zügellosigkeit der jetzigen sogenannten Aufklärer» und der in «Preß f r e c h heit ausartenden Preßfreiheit»[315] Schranken zu setzen.

Die Berliner Zensoren waren derart religiös aggressiv, dass Woltersdorff den Antrag einbrachte, dem Erzaufklärer Kant jegliche Publikation zu untersagen. Seine Kollegen waren nicht bereit, so weit zu gehen. Als Kant den ersten Aufsatz *Über das radikale Böse in der menschlichen Natur* im Februar 1792 seinem Freunde Johann Erich Biester, dem Leiter der «Berlinischen Monatsschrift», die nunmehr in Jena erschien, übersandte, äußerte er das Verlangen, diese Arbeit der preußischen Zensurbehörde in Berlin vorlegen zu lassen, damit ihm der Vorwurf erspart bliebe, literarische Schleichwege begangen zu haben.

Gottlob Friedrich Hillmer, für den «moralischen Inhalt»[316] aller Publikationen verantwortlich, gab nach einem Tag sein «Imprimatur», «weil er nach sorgfältiger Durchlesung diese Schrift, wie die übrigen Kantischen, nur nachdenkenden, untersuchungs- und unterscheidungsfähigen Gelehrten, nicht aber allen Lesern überhaupt bestimmt und genießbar finde»[317]. Nicht so glücklich passierte das zweite Stück *Vom Kampf des guten Prinzips mit dem Bösen* die Schleuse der Zensur, denn Hillmer gab das Manuskript wegen seiner theologischen Fragen an seinen Kollegen Hermes weiter, der seine Genehmigung verweigerte. Ohne Begründung und trotz einer direkten Eingabe Biesters an den König blieb der Schrift die Publikationsgenehmigung versagt.

Im Sommer 1792 forderte Kant von Biester sein Manuskript zurück, ergänzte es um die zwei weiteren Abschnitte und versah es als Buch mit dem Titel *Religion innerhalb der Grenzen der bloßen*

Vernunft. Kants Absicht war, die Schrift einer theologischen Fakultät zur Beurteilung vorzulegen, um von ihr den autoritativen Zuspruch zur Publikation zu erhalten (ähnlich wie Descartes, der seine «Meditationen» durch das Ansehen der Pariser Universität stützen wollte). Wahrscheinlich, aber nicht gewiss ist, dass Kant der Königsberger theologischen Fakultät seine Schrift vorlegte; den Plan, an die Fakultät in Halle heranzutreten, gab er auf, da hier Fichtes «Kritik aller Offenbarung» kurz vorher abgelehnt worden war. Erwartungsgemäß wies die Königsberger theologische Fakultät die Kompetenz für die Schrift von sich und einer philosophischen Fakultät zu. Nach jüngeren historisch-philologischen Untersuchungen ist nunmehr gewiss, dass Kant, um nicht seinen Schüler Christian Jacob Kraus, der 1792/93 Dekan der Königsberger Fakultät war, in Bedrängnis zu bringen, die Schrift nach Jena schickte, wo sie – noch im Machtbereich Preußens – genehmigt und auch (bei Göpfert) gedruckt wurde. Sie erschien zur Ostermesse 1793.

1794, als die politische Aufmerksamkeit des Königs nicht länger vom Kampf gegen Frankreich in Anspruch genommen war, fand der Monarch Zeit, sich innerpolitischen und besonders auch kulturpolitischen Problemen zuzuwenden. Seine religiösen Direktiven sah er von den Aufklärern erfolgreich bekämpft, auch von Wöllner nicht mit durchdringendem Erfolg verwirklicht, sodass er im März an seinen Günstling wenig gunstvoll schrieb: «Desgleichen Kantens schädlichen Schriften muß es auch nicht länger fortgehen [...]; diesem Unwesen muß absolut gesteuert werden, eher werden wir nicht wieder gute Freunde.»[318]

Kant, sich der politischen Gefahr bewusst, sie sogar herausfordernd, ihr aber dennoch nicht gewachsen und doch willens, ihr Rechnung zu tragen, schrieb im Mai an Biester: *Das Leben ist kurz, vornehmlich das, was nach schon gelebten siebzig Jahren übrigbleibt; um das sorgenfrei zu Ende zu bringen, wird sich doch wohl ein Winkel der Erde ausfinden lassen.*[319]

Unberechtigt war diese Sorge und sogar Vorsorge auf eine Fluchtmöglichkeit nicht, denn im Oktober erhielt Kant ein Schreiben Wöllners «auf Seiner Königlichen Majestät Allergnädigsten Spezialbefehl», in dem es heißt: «Unsere höchste Person hat schon seit geraumer Zeit mit großem Mißfallen ersehen, wie

Königsberg. Ansicht der Stadt von den Friedländer Mühlen aus. Farblithographie, um 1840

Ihr Eure Philosophie zu Entstellung und Herabwürdigung mancher Haupt- und Grundlehren der Heiligen Schrift und des Christentums mißbraucht, wie Ihr dieses namentlich in Eurem Buche: *Religion innerhalb der Grenzen der bloßen Vernunft*, desgleichen in anderen kleinen Abhandlungen getan habt. Wir haben Uns zu Euch eines Besseren versehen, da Ihr selbst einsehen müßt, wie unverantwortlich Ihr dadurch gegen Eure Pflicht als Lehrer der Jugend und gegen Unsere Euch sehr wohlbekannten landesväterlichen Absichten handelt. Wir verlangen des ehesten Eure gewissenhafte Verantwortung und gewärtigen Uns von Euch, bei Vermeidung Unserer höchsten Ungnade, daß Ihr Euch künftighin nichts dergleichen werdet zu Schulden kommen lassen, sondern vielmehr, Eurer Pflicht gemäß, Euer Ansehen und Eure Talente dazu anwenden, daß Unsere landesväterliche Intention je mehr und mehr erreicht werde; widrigenfalls Ihr Euch bei fortgesetzter Renitenz unfehlbar unangenehmer Verfügungen zu gewärtigen habt. Sind Euch mit Gnaden gewogen.»[320] Sämtliche philosophischen und theologischen Dozenten Königsbergs verpflichteten sich schriftlich, nicht länger Kants Religionslehre in ihren Vorlesungen zu behandeln.

Kant, der damals bereits ein Greis war, hat nachgegeben, einen Kompromiss geschlossen, der nicht ohne kleinliche taktische Kasuistik ist (zumal in einer privaten Aufzeichnung): *Widerruf und Verleugnung seiner inneren Überzeugung ist niederträchtig, aber Schweigen in einem Falle wie der gegenwärtige ist Untertanenpflicht, und wenn alles, was man sagt, wahr sein muß, so ist es darum doch nicht Pflicht, alle Wahrheit öffentlich zu sagen.*[321] In diesem Sinne, voll Gehorsam, auch wenn ihn die Vernunft – gemäß den Artikeln *Zum ewigen Frieden* – nicht vorschreiben mochte, hat Kant dem König geantwortet und sich ins Schweigen zurückgezogen: *Um auch dem mindesten Verdacht vorzubeugen, so halte ich es für das Sicherste, Ew. Kgl. Majestät feierlich zu erklären, daß ich mich fernerhin aller öffentlichen Vorträge, die Religion betreffend, die natürliche wie die geoffenbarte, sowohl in Vorlesungen wie in Schriften als Euer Majestät getreuester Untertan gänzlich enthalten werde.*[322] Mit dem Akzent *Euer Majestät* hat Kant, wie er selbst später betonte, die Verbindlichkeit dieser Zusage nur auf diesen Monarchen einschränken wollen (obgleich der Anspruch des kategorischen Imperativs sich vor allem durch Abstraktion der zeitlichen Bedingungen auszeichnet). 1797, als mit dem Regierungswechsel zugleich die Gesetze gegen die Aufklärer aufgehoben wurden, sah sich Kant nicht länger an seine Verpflichtung gebunden.

Er schrieb, in der Vorrede zum *Streit der Fakultäten* (1798), einen anklagenden Nachruf auf den verstorbenen preußischen König und eine Rechtfertigung seines Abschwörens. Im ersten Teil der aus sehr heterogenen einzelnen Aufsätzen zusammengestellten Schrift, im *Streit der philosophischen Fakultät mit der theologischen*, nimmt er die Gedanken der *Religion innerhalb der Grenzen der bloßen Vernunft* wieder auf, steht erneut zu ihnen und beansprucht für die *untere*, philosophische Fakultät das Recht, dass es ihr gegenüber *den oberen Fakultäten* (Theologie, Jurisprudenz und Medizin) *erlaubt bleibt, ihre Bedenklichkeit [...] an das gelehrte Publikum zu bringen*[323]. Der *Streit der philosophischen mit der juristischen Fakultät* scheiterte ebenfalls an der Berliner Zensur, als diese Abhand-

Immanuel Kant. Büste von Emanuel Bardou, 1798, im Museum des Königsberger Doms

lung im Oktober 1797 von Biester eingereicht wurde; sie nimmt die schon behandelte Frage, *ob das menschliche Geschlecht im beständigen Fortschritt zum Besseren sei* [324], wieder auf.

Unmittelbar in die Nähe seines persönlichen Alters gerückt ist der letzte Abschnitt, der als *Streit der philosophischen Fakultät mit der medizinischen* eine Antwort auf Hufelands berühmte «Makrobiotik oder die Kunst, das menschliche Leben zu verlängern»

165

war. Möglichkeiten, den Körper dem Willen zu unterwerfen, hatte Kant sein ganzes Leben lang versucht und gab nun *Von der Macht des Gemüts, durch den bloßen Vorsatz seiner krankhaften Gefühle Meister zu sein*[325], erfahrungsreiche Auskunft.

Abgesehen von mehreren kleineren Aufsätzen ist dies Kants letzte größere Arbeit. 1796 hat er noch polemisch Stellung genommen gegen Johann Georg Schlosser, den Schwager Goethes, der nach dem Tode seiner Frau Cornelia und seinem Abschied vom Justizdienst 1794 sich aus Neigung der philosophischen Schriftstellerei zuwandte. Herder, Hamann, Jacobi und andere Gegner des Kritizismus wollte Kant in seiner Schrift *Von einem neuerdings erhobenen vornehmen Ton in der Philosophie* treffen, vor allem aber Schlosser, der zwar nicht genannt wird, sich aber getroffen fühlen musste und auch mit einer Gegenschrift antwortete, worauf Kant die Abhandlung *Verkündigung des nahen Abschlusses eines Traktats zum ewigen Frieden in der Philosophie* verfasste. Auf eine weitere Streitschrift Schlossers hat Kant nicht mehr geantwortet.

Kants Leben neigte sich dem Ende, das philosophische Denken in Deutschland aber neuen Anfängen zu. 1792 erschien anonym die Schrift «Versuch einer Kritik aller Offenbarung», die allgemein als die lang erwartete Religionsschrift Kants betrachtet wurde. Ihr Autor war aber Johann Gottlieb Fichte, der zwei Jahre später, im selben Jahr, da Kants *Religion innerhalb der Grenzen der bloßen Vernunft* öffentlich angegriffen wurde, Reinholds Professur in Jena übernahm. Noch konnte ein Werk Fichtes für das Kants gehalten werden, noch bestieg Fichte mit Zustimmung Kants den wohl berühmtesten Lehrstuhl in Jena, von dem die größte Wirkung der kritischen Philosophie ausgegangen war. Aber 1794 ist auch das Jahr der «Wissenschaftslehre» Fichtes, ihrer ersten Fassung und der Beginn eines Denkens, das die kritischen Fundamente verlässt und bereits auf dem Wege zum spekulativen Gipfel des deutschen Idealismus ist, der mit dem preußischen Staatsphilosophen Georg Wilhelm Friedrich Hegel erreicht wurde. Es folgte um 1860 nach dem Zusammenbruch des Idealismus ein «Zurück zu Kant» – der Neukantianismus mit den Zentren Marburg und Heidelberg / Freiburg im Breisgau. Diese Rückbesinnung auf Kant ist nur ein kurzes Kapitel der Philosophiegeschichte. Mehr als Philosophiegeschichte und Geschichte aber ist das Denken und

Leben Kants. Für ihn war die Selbstkritik der Vernunft ein Akt der Emanzipation und der kategorische Imperativ, den er selbst lebte, kein «toter Hausrat». Der Philosoph, der seinen Zeitgenossen den Weg aus der «selbstverschuldeten Unmündigkeit» wies, hat auch späteren Generationen bis heute gezeigt, dass die Souveränität des Menschen allein in seiner eigenen Vernunft und der Befolgung ihrer Gesetze liegt.

ANMERKUNGEN

1 Immanuel Kant. Sein Leben in Darstellungen von Zeitgenossen. Die Biographien von L. E. Borowski, R. B. Jachmann und A. Ch. Wasianski. Berlin 1912, S. 171 (zitiert im Folgenden unter Borowski)

2 M. Kronenberg, Kant – sein Leben und seine Lehre. 6. Aufl. München 1922, S. 34

3 Karl Vorländer, Immanuel Kant – Der Mann und das Werk. 3. Aufl. Hamburg 1992. Bd. I., S. 41

4 Gedanken von der wahren Schätzung der lebendigen Kräfte. In: Kant, Werke in zwölf Bänden, Theorie-Werkausgabe Suhrkamp. Frankfurt am Main 1968. Bd. 1, S. 25

5 Motto der Schrift «Gedanken von der wahren Schätzung ...»: «Nihil magis praestandum est, quam ne pecorum ritu sequamus antecedentium gregem, pergentes, non qua eundum est, sed qua itur. Seneca, de vita beata. Cap. I». A. a. O., S. 15

6 Lessing. Auf des Herrn K** Gedanken von der wahren Schätzung der lebendigen Kräfte: Sämtliche Werke. Stuttgart 1884. Bd. 1. Nr. 19 der Sinngedichte des Zweiten Buches, S. 57

7 Borowski, a. a. O., S. 27

8 Zitiert nach Friedrich Wilhelm Schubert, Immanuel Kants Biographie. Leipzig 1842, S. 50, Anm.

9 Schreiben vom 24. 10. 1764 aus Berlin. Zitiert nach Schubert, a.a.O, S. 51

10 Cabinetsordre vom 14. 2. 1766, unterzeichnet von Friedrich von Münchhausen. Zitiert nach Schubert, a.a.O.

11 Borowski, a. a. O., S. 237

12 A.a.O., S. 238

13 A. a. O., S. 93

14 A. a. O., S. 94

15 Originalausgabe 1795, Sammlung VI, Brief 79, S. 168

16 Kritik der reinen Vernunft. Nach der ersten und zweiten Originalausgabe. Hg. von Raymund Schmidt. Hamburg 1956. (Bezug genommen wird nicht auf die Seiten dieser Ausgabe, sondern auf die in ihr dokumentierten Seiten der Ausgaben von 1781 [A] und 1787 [B]. B, S. III–VI.)

17 «Auf Seiner Königlichen Majestät Allergnädigsten Spezialbefehl», verfasst von Zeidlitz am 25. 12. 1775. Zitiert nach Schubert, a.a.O., S. 59

18 Schubert, a.a.O., S. 61 f.

19 Zitiert nach Vorländer, a.a.O., Bd. II, 61 f. Bd. II, S. 261

20 Borowski, a.a.O., S. 30

21 A.a.O.

22 A.a.O.

23 A.a.O., S. 208

24 A.a.O., S. 311

25 Kritik der praktischen Vernunft. Hg. von Karl Vorländer. Hamburg 1952, S. 186

26 Borowski, a.a.O., S. 194

27 Zitiert nach Vorländer, a.a.O., Bd. I, S. 132 f.

28 Borowski, a.a.O., S. 68

29 A.a.O., S. 69

30 Zitiert nach Schubert, a.a.O., S. 89

31 Brief Herders an Hamann vom 28. 2. 1785. Zitiert nach Schubert, a.a.O., S. 90 f.

32 Brief Hamanns an Herder vom 19. 1. 1786. Zitiert nach Schubert, a.a.O., S. 91

33 Hamanns Brief an Jacobi vom 9. 4. 1787. Zitiert nach Schubert, a.a.O., S. 100

34 Borowski, a.a.O., S. 174

35 A.a.O., S. 272

36 A.a.O., S. 204

37 Zitiert nach Schubert, a.a.O., S. 107

38 Kritik der Urteilskraft. Hg. von Karl Vorländer. Hamburg 1959, S. 186 f.

39 Brief Hamanns an Hartknoch vom 17. 2. 1787. Zitiert nach Schubert, a.a.O., S. 95

40 Kant's sämtliche Werke in sechs Bänden. Leipzig 1912–16. Bd. 2. Gedanken von der wahren Schätzung der lebendigen Kräfte. Vorrede I, S. 13

41 A. a. O., S. 16

42 A. a. O.

43 Allgemeine Naturgeschichte und Theorie des Himmels oder Versuch von der Verfassung und dem mechanischen Ursprung des ganzen Weltgebäudes, nach Newtonischen Grundsätzen abgehandelt. A. a. O. Bd. 2, S. 267

44 A. a. O., S. 352

45 A. a. O., S. 265

46 A. a. O,. S. 362

47 A. a. O., S. 421

48 Die falsche Spitzfindigkeit der vier syllogistischen Schlüsse erwiesen. A. a. O., Bd. 4, S. 106 f.

49 Der einzig mögliche Beweisgrund zu einer Demonstration des Daseins Gottes. A. a. O., Bd. 4, S. 125

50 A. a. O., S. 115

51 Kants gesammelte Schriften. Akademieausgabe. Berlin 1900. Bemerkungen zu den Beobachtungen über das Gefühl des Schönen und Erhabenen. Bd. 20, S. 44

52 A. a. O., S. 55

53 Versuch über die Krankheiten des Kopfes. Kant's sämtliche Werke in sechs Bänden. A. a. O., Bd. 1, S. 85

54 A. a. O.

55 Zitiert nach Kronenberg, a. a. O., S. 135, Anm.

56 Träume eines Geistessehers. Kant's sämtliche Werke in sechs Bänden. A. a. O., Bd. 1, S. 144

57 A. a. O., S. 96

58 A. a. O., S. 95

59 A. a. O., S. 123

60 A. a. O., S. 160

61 Zitiert nach Borowski, S. 104

62 De mundi sensibilis atque intelligibilis forma et principiis/Über die Form und die Prinzipien der Sinnen- und Geisteswelt. Neu übersetzt und hg. von Klaus Reich. Hamburg 1960, S. 7/9

63 A. a. O., S. 19

64 A. a. O., S. 25

65 A. a. O., S. 27

66 A. a. O., S. 79/81

67 Zitiert nach Kronenberg, a. a. O., S. 54

68 Kants Briefe. Ausgew. und hg. von F. Ohmann. Leipzig 1911, S. 39

69 A. a. O., S. 41

70 Brief Kants an Hertz vom 1. 2. 1772. A. a. O., S. 45

71 A. a. O., S. 47

72 Brief Kants an Hertz Ende 1773. A. a. O., S. 55

73 Brief Kants an Hertz vom 24. 11. 1776. A. a. O., S. 75

74 Brief Kants an Hertz vom 20. 8. 1777. A. a. O., S. 80

75 Brief Kants an Hertz vom 1. 5. 1781. Zitiert nach Schubert, a. a. O., S. 49

76 Kritik der reinen Vernunft. A. a. O. A, S. XI

77 A. a. O. B, S. XXIII

78 A. a. O. A, S. VII

79 A. a. O. A, S. XII

80 A. a. O. B, S. 19

81 A. a. O. B, S. X–XII

82 A. a. O. B, S. XVI

83 A. a. O. A, S. 56/B, S. 80

84 A. a. O. B, S. XVI–XVIII

85 A. a. O. A, S. 19/B 33

86 A. a. O. A, S. 34/B 50

87 A. a. O. B, S. 73

88 A. a. O. A, S. 69/B, S. 94

89 A. a. O. A, S. 70/B, S. 95

90 A. a. O.

91 A. a. O. A, S. 80/B, S. 106

92 A. a. O. B, S. 129

93 A. a. O. A, S. 137/176

94 A. a. O. A, S. 235 f./B, S. 294 f.

95 A. a. O. A, S. 293/B, S. 349

96 A. a. O. A, S. 298/B, S. 354

97 A. a. O. A, S. 299/B, S. 356

98 A. a. O. A, S. 311/B, S. 367

99 A. a. O. A, S. 341/B, S. 399

100 A. a. O. A, S. 405/B, S. 432

101 A. a. O. A, S. 602/B, S. 630

102 A. a. O. A, S. 619/B, S. 647

103 A. a. O. B, S. XXXVII

104 Grundlegung der Metaphysik

der Sitten. Kant. Theorie-Werkausgabe. Frankfurt am Main 1968. Bd. VII, S. 16

105 Friedrich Schiller: «Über Anmut und Würde». Schillers sämtliche Werke. Tempel-Klassiker. Hg. von Fritz Strich und Walter Strich. Leipzig o. J. Bd. 4, S. 109

106 A.a.O., S. 116

107 Schiller: «Über naive und sentimentalische Dichtung». A.a.O., S. 425

108 A.a.O., S. 385

109 Schiller: «Über Anmut und Würde». A.a.O., S. 121

110 Schiller: «Über naive und sentimentalische Dichtung». A.a.O., S. 416, Anm.

111 Grundlegung der Metaphysik der Sitten. A.a.O., S. 51

112 A.a.O., S. 59 f.

113 A.a.O., S. 54

114 A.a.O., S. 59

115 A.a.O., S. 92

116 Kritik der praktischen Vernunft. Hg. von Karl Vorländer. Hamburg 1952, S. 17

117 A.a.O., S. 34

118 A.a.O., S. 39

119 A.a.O., S. 101

120 A.a.O., S. 137

121 A.a.O., S. 141

122 A.a.O.

123 A.a.O.

124 A.a.O., S. 144

125 A.a.O.

126 A.a.O.

127 A.a.O., S. 186

128 Metaphysik der Sitten. Hg. von Karl Vorländer. Hamburg 1959, S. 219

129 A.a.O., S. 35

130 A.a.O., S. 90

131 A.a.O., S. 93

132 A.a.O., S. 92

133 A.a.O., S. 116

134 A.a.O., S. 133 f.

135 A.a.O., S. 134

136 A.a.O.

137 A.a.O.

138 A.a.O., S. 135

139 A.a.O., S. 136

140 A.a.O.

141 A.a.O., S. 137

142 A.a.O.

143 A.a.O., S. 135 f.

144 A. a.O., S . 144

145 A.a.O.

146 A.a.O.

147 A.a.O.

148 A.a.O., S. 145, Anm.

149 A.a.O., S. 146

150 A.a.O.

151 A.a.O., S. 156

152 A.a.O.

153 A.a.O., S. 196

154 A.a.O.

155 A.a.O., S. 173

156 A.a.O., S. 174

157 A.a.O., S. 173

158 A.a.O.

159 A.a.O.

160 A.a.O., S. 180

161 A. a.O.

162 A.a.O., S. 181

163 A.a.O.

164 Zum ewigen Frieden. Kant. Werke in zwölf Bänden. Theorie-Werkausgabe. A.a.O., Bd. 11, S. 196–202

165 A.a.O., S. 203–217

166 A.a.O., S. 212

167 A.a.O., S. 213

168 A.a.O.

169 A.a.O., S. 124

170 A.a.O., S. 215

171 A.a.O., S. 227 f.

172 Metaphysik der Sitten. A.a.O., S. 250

173 A.a.O., S. 229

174 A.a.O., S. 237

175 A.a.O., S. 27

176 A.a.O., S. 256

177 A.a.O., S. 234

178 A.a.O., S. 267 ff.

179 A.a.O., S. 271 ff.

180 A.a.O., S. 274 ff.

181 A.a.O., S. 277 ff.

182 A.a.O., S. 281 ff.

183 A.a.O., S. 285 ff.

184 A.a.O., S. 324 f.

185 A.a.O., S. 325 f.

186 A.a.O., S. 326 f.

187 A.a.O., S. 320
188 A.a.O., S. 319
189 A.a.O., S. 305
190 A.a.O., S. 308
191 A.a.O., S. 311
192 A.a.O., S. 313
193 A.a.O., S. 331
194 A.a.O., S. 334
195 Kritik der Urteilskraft. Hg. von
Karl Vorländer. Hamburg 1959, S. X
196 A.a.O., S. X f.
197 A.a.O., S. XI
198 A.a.O., S. XIII f.
199 Die Religion innerhalb der
Grenzen der bloßen Vernunft. Hg.
von Karl Vorländer. Hamburg 1956,
S. 22
200 Zitiert nach: Schillers Werke.
Nationalausgabe. Hg. von Norbert
Oellers und Frithjof Stock. Weimar
1977. Bd. 29, S. 71
201 Eckermann im Gespräch mit
Goethe. Hg. von Fritz Bergemann.
Frankfurt am Main 1981. Bd. 1,
S. 22
202 A.a.O.
203 Kritik der Urteilskraft. A.a.O.,
S. X
204 A.a.O., S. 4
205 A.a.O.
206 A.a.O., S. 5
207 A.a.O., S. 4
208 A.a.O., S. 11 f.
209 A.a.O., S. 12
210 A.a.O., S. 13
211 A.a.O., S. 15
212 A.a.O.
213 A.a.O., S. 17
214 A.a.O.
215 A.a.O., S. 20 f.
216 A.a.O., S. 24
217 A.a.O., S. 25
218 A.a.O., S. 24
219 A.a.O., S. 27
220 A.a.O., S. 31
221 A.a.O., S. 40
222 A.a.O., S. 48
223 A.a.O., S. 49
224 A.a.O., S. 72
225 A.a.O., S. 73
226 A.a.O., S. 77

227 A.a.O., S. 79
228 A.a.O., S. 81
229 A.a.O., S. 87 f.
230 A.a.O., S. 88
231 A.a.O., S. 91
232 A.a.O.
233 A.a.O., S. 94
234 A.a.O., S. 102
235 A.a.O., S. 113
236 A.a.O., S. 120
237 A.a.O., S. 120 f.
238 A.a.O., S. 150
239 A.a.O., S. 160
240 A.a.O., S. 159
241 A.a.O., S. 161
242 A.a.O.
243 A.a.O.
244 A.a.O., S. 168
245 A.a.O., S. 212
246 A.a.O., S. 211
247 A.a.O.
248 A.a.O., S. 213
249 A.a.O., S. 214
250 A.a.O., S. 183
251 A.a.O., S. 186
252 A.a.O., S. 187
253 A.a.O.
254 A.a.O., S. 222
255 A.a.O., S. 236
256 A.a.O., S. 236 f.
257 A.a.O., S. 237
258 A.a.O., S. 242
259 A.a.O., S. 244
260 A.a.O., S. 263
261 A.a.O., S. 264
262 A.a.O., S. 265
263 A.a.O., S. 277
264 A.a.O., S. 286
265 A.a.O.
266 A.a.O., S. 305
267 A.a.O., S. 304
268 A.a.O., S. 305
269 A.a.O.
270 A.a.O., S. 306
271 A.a.O., S. 312
272 A.a.O.
273 A.a.O., S. 313
274 A.a.O., S. 315
275 A.a.O., S. 322
276 A.a.O., S. 323
277 A.a.O.

278 Die Religion innerhalb der Grenzen der bloßen Vernunft. A.a.O., S. 20
279 A.a.O.
280 A.a.O., S. 33
281 A.a.O., S. 43
282 A.a.O., S. 25
283 A.a.O., S. 59
284 A.a.O., S. 82
285 A.a.O., S. 92
286 A.a.O., S. 67
287 A.a.O.
288 A.a.O., S. 99
289 A.a.O., S. 100
290 A.a.O., S. 101
291 A.a.O., S. 103
292 A.a.O., S. 107
293 A.a.O.
294 A.a.O., S. 110
295 A.a.O., S. 111
296 A.a.O., S. 115
297 A.a.O.
298 A.a.O., S. 116
299 A.a.O., S. 11
300 A.a.O., S. 116
301 A.a.O., S. 117
302 A.a.O., S. 167
303 A.a.O., S. 182
304 A.a.O.

305 A.a.O.
306 A.a.O.
307 A.a.O.
308 A.a.O.
309 A.a.O., S. 184
310 A.a.O., S. 187
311 A.a.O.
312 A.a.O., S. 191
313 A.a.O., S. 202
314 A.a.O., S. 178, Anm.
315 Zitiert nach Karl Vorländer. A.a.O., Bd. II, S. 141
316 Die Religion innerhalb der Grenzen der bloßen Vernunft. A.a.O., S. XLVII
317 A.a.O.
318 Zitiert nach Karl Vorländer. A.a.O., Bd. II, S. 196
319 Kants Briefe. A.a.O., S. 271
320 Zitiert nach Karl Vorländer. A.a.O., Bd. II, S. 200
321 A.a.O., S. 205
322 A.a.O. S. 202
323 Der Streit der Fakultäten. Hg. von Kurt Roßmann. Heidelberg 1947, S. 52
324 A.a.O., S. 123
325 A.a.O., S. 151

ZEITTAFEL

1724 22. April: Geburt Immanuel Kants als viertes Kind des Riemermeisters Johann Georg Kant und seiner Frau Anna Regina, geb. Reuter, in Königsberg.

1730–1732 Besuch der Vorstädter Hospitalschule.

1732–1740 Besuch des pietistischen Collegium Fridericianum, dessen Leiter, der Prediger und Theologieprofessor Franz Albert Schultz, auf Kants Entwicklung entscheidenden Einfluss nimmt. Begeisterung für antike Autoren und die lateinische Sprache. Der religiöse Zwang der Schule bewirkt bei Kant eine Abneigung gegen den Pietismus.

1738 Tod der Mutter.

1740 Krönung Friedrich des Großen.

1740–1746 Studium der Philosophie, Mathematik und Naturwissenschaft an der Universität Königsberg. Bedeutender Einfluss seines Lehrers Martin Knutzen, zu dem Kant persönlich-freundschaftlichen Kontakt gewinnt. Regelmäßiger Besuch der theologischen Vorlesungen von Franz Albert Schultz. – Kant wohnt nicht mehr im elterlichen Haus und verdient seinen Lebensunterhalt durch Privatstunden. – Entschluss, die Laufbahn eines wissenschaftlichen Lehrers zu wählen.

1746 Tod des Vaters. – Erste Abhandlung *Gedanken von der wahren Schätzung der lebendigen Kräfte*.

1746–1755 Tätigkeit als Hauslehrer bei drei verschiedenen Familien in der Umgebung Königsbergs.

1755 Juni: Promotion in Königsberg mit der Dissertation *Meditationum quarundam de igne succincta delineatio*. September: Mit der Schrift *Principiorum primorum cognitionis metaphysicae nova dilucidatio* wird Kant Privatdozent für Philosophie an der Universität Königsberg. Er hält Vorlesungen von weit gespannter Thematik aus dem Bereich der Philosophie, Naturwissenschaft, physischen Geographie und Theologie.

1756 April: Kants dritte lateinische Abhandlung *Monadologia physica* (mit öffentlichem Disput) schafft die nötige Voraussetzung für eine Professur.

1756–1763 Siebenjähriger Krieg.

1762–1764 Johann Gottfried Herder gehört zu Kants Hörern.

1763 Kant erhält den zweiten Preis für seine *Untersuchung über die Deutlichkeit der Grundsätze der natürlichen Theologie und der Moral*, die er auf eine Preisfrage der Preußischen Akademie der Wissenschaften verfasst hat.

1764 Juli: Kant lehnt die angebotene Professur für Dichtkunst ab.

1765 Mit der Stelle eines Unterbibliothekars an der Königlichen Schlossbibliothek in Königsberg erhält Kant seine erste Amtsstellung und ein bescheidenes festes Einkommen.

1769 Berufung als ordentlicher Professor nach Erlangen und Jena. Kant lehnt nach anfänglicher Zusage an Erlangen ab, da sich ihm in Königsberg eine baldige Professur anbietet.

1770 März: Antritt als ordentlicher Professor für Metaphysik und Logik an der Universität Königsberg mit der Schrift *De mundi sensibilis atque intelligibilis forma et principiis* (mit öffentlichem Disput).

1772 Aufgabe der Tätigkeit an der Schlossbibliothek.

1780 Eintritt in den akademischen Senat der Königsberger Universität.

1781 *Kritik der reinen Vernunft.*
1783 *Prolegomena zu einer jeden künftigen Metaphysik.*
1785 *Grundlegung zur Metaphysik der Sitten.*
1786 Tod Friedrichs des Großen. – Rektor der Universität. In dieser Eigenschaft bringt Kant dem soeben gekrönten Friedrich Wilhelm II. die Huldigung der Universität dar und empfängt eine besondere Auszeichnung des Königs. – *Metaphysische Anfangsgründe der Naturwissenschaft.*
1787 Bezug eines eigenen Hauses in Königsberg.
1788 Zum zweiten Male Rektor. – *Kritik der praktischen Vernunft.*
1789 Ausbruch der Französischen Revolution.
1790 *Kritik der Urteilskraft.*
1792 Senior der philosophischen Fakultät sowie der gesamten Akademie.

1793 Enthauptung Ludwigs XVI. von Frankreich. – *Die Religion innerhalb der Grenzen der bloßen Vernunft.*
1794 Konflikt mit der preußischen Zensurbehörde. – Allmähliche Einschränkung der Vorlesungen.
1797 Aufgabe der akademischen Lehrtätigkeit. – Tod Friedrich Wilhelms II., Krönung seines Sohnes Friedrich Wilhelm III. – *Die Metaphysik der Sitten.*
1798 *Anthropologie in pragmatischer Hinsicht abgefaßt.*
1800 Nachlassen der physischen Kräfte. Kants Schüler Wasianski übernimmt seine Pflege. – Andere Schüler und Anhänger beginnen mit der Herausgabe seiner Vorlesungen und unveröffentlichten Schriften.
1803 Oktober: Erste ernste Erkrankung.
1804 12. Februar: Tod Kants.

ZEUGNISSE

Johann Georg Hamann

Kant ist ein Mann von eben so großen Talenten als guten und edlen Gesinnungen, der sich von Vorurteilen sehr begeistern läßt, aber sich nicht schämt, selbige zu widerrufen, abzulegen oder zu verleugnen. Man muß ihm nur Zeit lassen, selbst in sich zu gehen. Er plaudert lieber, als er hört. In Puncto seines Systems und dadurch erworbenen Ruhms ist er gegenwärtig ein wenig kitzlicher und eingenommener [...]; das ist nicht ganz seine, sondern vornehmlich des lieben Publici Schuld. Man kann es ihm also nicht ganz verargen.

An Friedrich Heinrich Jacobi. 9. April 1786

Johann Gottfried Herder

Um von Kant eine gerechte Idee zu erwecken, hätte es, wie mich dünkt, die Billigkeit erfordert, daß man aus seinen Schriften die Hauptsätze gezogen, sie in einer hellen Kürze vorgetragen und mit den Bemühungen voriger und jetziger Philosophen verglichen hätte: denn auch sein anmaßendster Verehrer wird doch nicht behaupten, daß alles in ihm neu sei. Hier müßten nun freilich nicht, wie es mehrmals geschehen ist, alle alten Weisen auf den Kopf gestellt werden, damit der neueste allein auf die Füße zu stehen komme; vielmehr erfordert das Gesetz der Humanität, daß man jedem seinen Standort, seine Ansicht der Dinge, sein Verdienst lasse, und was den Rang betrifft, nicht entscheide. Offenbar aber wird aus dieser Zusammenstellung werden, daß vieles mit andern Worten längst gesagt, andres stückweise, auch von den neuesten Denkern, Hume, Rousseau, Lambert, vorbereitet worden, bis Kant mit philosophischer Präzision ihm Grenze und Maß bestimm-

te. Eben deshalb greift Kants Kritik so tief in den Geist der Zeiten ein, weil sie genug vorbereitet erschien, und tausend schon vorhandene, dunkle Vorideen zum Licht bringen konnte.

Herder, Briefe zur Beförderung der Humanität. (Zurückbehaltene und «abgeschnittene» Briefe) 1793

Friedrich Schiller

Nehmen Sie, vortrefflicher Lehrer, [...] die Versicherung meines lebhaftesten Danks für das wohltätige Licht an, das Sie in meinem Geist angezündet haben; eines Danks, der wie das Geschenk, auf das er sich gründet, ohne Grenzen und unvergänglich ist.

An Immanuel Kant. 13. Juni 1794

Friedrich Wilhelm Joseph von Schelling

Obgleich in hohem Alter gestorben, hat Kant sich doch nicht überlebt. Seine heftigsten Gegner hat er zum Teile physisch, alle aber moralisch überdauert, und das Feuer der weiter Fortschreitenden hat nur gedient, das reine Gold seiner Philosophie von den Zutaten der Zeit zu scheiden und in reinem Glanze darzustellen. [...] Unentstellt von den groben Zügen, welche der Mißverstand solcher, die unter dem Namen von Erläuterern und Anhängern Karikaturen von ihm oder schlechte Gipsabdrücke waren, sowie von denen, welche die Wut bitterer Gegner ihm andichtete, wird das Bild seines Geistes in seiner ganz abgeschlossenen Einzigkeit durch die ganze Zukunft der philosophischen Welt strahlen.

Fränkische Staats- und Gelehrten-Zeitung. März 1804

Arthur Schopenhauer

Die transzendentale Ästhetik ist ein so überaus verdienstvolles Werk, daß es allein hinreichen könnte, Kants Namen zu verewigen. Ihre Beweise

haben so volle Überzeugungskraft, daß ich die Lehrsätze derselben den unumstößlichen Wahrheiten beizähle, wie sie ohne Zweifel auch zu den folgenreichsten gehören, mithin als das Seltenste auf der Welt, nämlich eine wirkliche, große Entdeckung in der Metaphysik, zu betrachten sind.
Die Welt als Wille und Vorstellung. (Anhang: Kritik der Kantischen Philosophie) 1819

Franz Grillparzer

Jeder, der sich der Literatur, wenn auch bloß der schönen, widmen will, sollte Kants Werke studieren, und zwar, abgesehen vom Inhalt, schon bloß wegen ihrer streng-logischen Form. Nichts ist mehr geeignet, an Deutlichkeit, Sonderung und Präzision der Begriffe zu gewöhnen, als dieses Studium, und wie notwendig diese Eigenschaften selbst dem Dichter sind, leuchtet wohl ein.
Tagebuch. 1819

Wilhelm von Humboldt

Kant unternahm und vollbrachte das größte Werk, das vielleicht je die philosophierende Vernunft einem einzelnen Manne zu danken gehabt hat. Er prüfte und sichtete das ganze philosophische Verfahren auf einem Wege, auf dem er notwendig den Philosophien aller Zeiten und aller Nationen begegnen mußte, er maß, begrenzte und ebnete den Boden desselben, zerstörte die darauf angelegten Truggebäude und stellte, nach Vollendung dieser Arbeit, Grundlagen fest, in welchen die philosophische Analyse mit dem durch die früheren Systeme oft irre geleiteten und übertäubten natürlichen Menschensinne zusammentraf. Er führte im wahrsten Sinne des Worts die Philosophie in die Tiefen des menschlichen Busens zurück. Alles, was den großen Denker bezeichnet, besaß er in vollendetem Maße und

vereinigte in sich, was sich sonst zu widerstreben scheint; Tiefe und Schärfe, eine vielleicht nie übertroffene Dialektik, an die doch der Sinn nicht verloren ging, auch die Wahrheit zu fassen, die auf diesem Weg nicht erreichbar ist, und das philosophische Genie, welches die Fäden eines weitläuftigen Ideengewebes nach allen Richtungen hin ausspinnt und alle vermittelst der Einheit der Idee zusammenhält, ohne welches kein philosophisches System möglich sein würde.
Über Schiller und den Gang seiner Geistesentwicklung. 1830

Wilhelm Dilthey

Das unermeßliche Verdienst Kants liegt in der Entdeckung von dem absoluten Wert des guten Willens, welche vor ihm außer den unvergleichlichen christlichen Mystikern nur Platos großer Geist erblickte und auch dieser nur undeutlich, wie durch einen Schleier. Einmal gefunden, kann sie nie wieder verloren gehen, und in diesem Selbstbewußtsein des moralischen Geistes liegt geradezu eine Verstärkung der sittlichen Kräfte dieser Welt, welche wir diesem Manne verdanken. Er hat das Gewissen vor sich selber deutlich gemacht und vor sich selber gerechtfertigt.
Versuch einer Analyse des moralischen Bewußtseins. 1864

Friedrich Nietzsche

Kant wollte auf eine «alle Welt» vor den Kopf stoßende Art beweisen, daß «alle Welt» Recht habe: – das war der heimliche Witz dieser Seele. Er schrieb gegen die Gelehrten zu Gunsten des Volks-Vorurteils, aber für Gelehrte und nicht für das Volk.
Die fröhliche Wissenschaft. 1881/82

José Ortega y Gasset

Zehn Jahre habe ich innerhalb des Kantischen Gedankens gelebt; ich habe ihn eingeatmet wie eine Atmosphäre, und er war zugleich mein Haus und mein Gefängnis. Ich zweifle sehr, daß jemand, der nicht dergleichen tat, in Klarheit den Sinn unserer Zeit erblicken kann. Im Werke Kants sind die entscheidenden Geheimnisse der modernen Epoche enthalten, ihre Tugenden und ihre Grenzen. Dank seinem Genius sieht man in Kants Philosophie, vereinfacht zu einem Präzisionswerk der Uhrmacherkunst, das vielumfassende Leben des Okzidents der letzten vier Jahrhunderte ablaufen. Die «Unruhe», die klar erkennbar die Räder dieser Gedanken bewegt, der Mechanismus ihres Ganges ist derselbe, der in der ungreifbaren Form von Tendenzen, Strömungen, Neigungen die europäische Geschichte seit der Renaissance getrieben hat.

Kant. Reflexiones de centenario. 1924

Karl Jaspers

Kant hat durch sein Werk einen Schritt im Philosophieren getan, der weltgeschichtliche Bedeutung hat. Vielleicht ist seit Plato nichts geschehen, was in der herben Luft des Denkens und aus ihr wirkend so weitreichende Folgen haben müßte, nicht im Raum der Technik und Naturbeherrschung, sondern im Inneren des Menschen für seine Denkungsart, sein Seinsbewußtsein, seine Ideen, seine Antriebe und seinen guten Willen. [...]
Kant ist ein Träger der Humanität der Aufklärung. Er ist nicht nur der große Kopf, sondern der wahrhaftige Mensch. Sein Ethos kennt nicht übersteigerte Handlungen, in denen Moral unwahrhaftig konstruiert oder pathetisch demonstriert wird, um dann sich im eigensüchtigen Alltag zu verstecken. Sein Ethos ist das Ethos gerade des Alltags und jeden Augenblicks. Ihn brauchen wir nicht als ein Fremdes zu bewundern. Mit ihm können wir leben. Ihm möchten wir folgen.

Der Monat. Februar 1954

Zeichnung von Horst Janssen für Helmut Schmidt zum Geburtstag am 23. Dezember 1983. Text auf der Vorderseite: «Nihil est sine ratione cur potius sit, quam non sit. Lieber Helmut Schmidt, dies zum 23. 12. 83 und zur gefälligen Verfügung für Kurznachrichten an Freunde.»

BIBLIOGRAPHIE

Von den einzelnen Werken Kants sind nur die größeren Schriften und Vorlesungen in der Reihenfolge ihrer erstmaligen Veröffentlichung gesondert aufgeführt. Unveränderte Neuauflagen sowie die vielen späteren Einzelausgaben sind nicht verzeichnet. Aus der reichhaltigen Sekundärliteratur kann diese Bibliographie nur eine Auswahl bieten, wobei die Veröffentlichungen seit 1970 im Vordergrund stehen. Nicht berücksichtigt sind Darstellungen in Philosophiegeschichten.

1. Werke

1.1 Gesamtausgaben
Kants gesammelte Schriften. Hg. von der Königlich Preußischen Akademie der Wissenschaften. 1. Abtlg. (Bd. I–IX): Werke; 2. Abtlg. (Bd. X–XIII): Briefwechsel; 3. Abtlg. (Bd. XIV–XXIII): Nachlaß, Berlin 1900–1955; 4. Abtlg. (Bd. XXIV–XXIX): Vorlesungen, Berlin 1966 ff.; 5. Abtlg. (Bd. XXX ff.): Kant-Index (in Vorbereitung)
Sämtliche Werke. Hg. von Karl Vorländer, O. Buek u. a. 10 Bde., Leipzig 1904–1914
Werke. In Gemeinschaft mit H. Cohen, A. Buchenau, O. Buek, A. Görland, B. Kellermann hg. v. Ernst Cassirer. 11 Bde., Berlin 1912–1922
Werke in sechs Bänden. Hg. von Wilhelm Weischedel. Wiesbaden 1956–1964 (Nachdruck: Darmstadt 1963–1964, Sonderausgabe 1983, 10 Bde.; sowie Frankfurt a. M. 1968, stw 1974 u. ö. 12 Bde.)
Werke. Akademie Textausgabe, Bd. I–IX. Berlin 1968; Bd. X–XI, Anmerkungen. Berlin / New York 1977
Briefwechsel. Auswahl und Anmerkungen von Otto Schöndörffer, mit einer Einleitung und einem Nachtrag von Rudolf Malter und Joachim Kopper. Hamburg ³1986, erweiterte Auflage

1.2 Einzelne Hauptwerke und -vorlesungen
Gedanken von der wahren Schätzung der lebendigen Kräfte und Beurteilung der Beweise, deren sich Herr von Leibniz und andere Mechaniker in dieser Streitsache bedient haben, nebst einigen vorhergehenden Betrachtungen, welche die Kraft der Körper überhaupt betreffen. Königsberg 1746, erschien 1749
Allgemeine Naturgeschichte und Theorie des Himmels oder Versuch von der Verfassung und dem mechanischen Ursprung des ganzen Weltgebäudes, nach Newtonischen Grundsätzen abgehandelt. Königsberg, Leipzig 1755
Principiorum primorum cognitionis metaphysicae nova dilucidatio. Königsberg 1755
Geschichte und Naturbeschreibung der merkwürdigsten Vorfälle des Erdbebens, welches an dem Ende des 1755sten Jahres einen großen Teil der Erde erschüttert hat. Königsberg 1756
Metaphysicae cum geometria iunctae usus in philosophia naturali, cuius specimen I. continent monadologiam physicam. Königsberg 1756
Der einzig mögliche Beweisgrund zu einer Demonstration des Daseins Gottes. Königsberg 1763
Versuch den Begriff der negativen Größen in die Weltweisheit einzuführen. Königsberg 1763
Betrachtungen über das Gefühl des Schönen und Erhabenen. Königsberg 1764
Untersuchung über die Deutlichkeit der Grundsätze der natürlichen Theologie und Moral. Zur Beantwortung der Frage, welche die Königl. Akademie der Wissenschaf-

ten zu Berlin auf das Jahr 1763 aufgegeben hat. Königsberg 1764

Träume eines Geistersehers, erläutert durch Träume der Metaphysik. Königsberg 1766

De mundi sensibilis atque intelligibilis forma et principiis. Königsberg 1770

Kritik der reinen Vernunft. Riga 1781

Prolegomena zu einer jeden zukünftigen Metaphysik, die als Wissenschaft wird auftreten können. Riga 1783

Idee zu einer allgemeinen Geschichte in weltbürgerlicher Absicht. Berlinische Monatsschrift 1784

Beantwortung der Frage: Was ist Aufklärung? Berlinische Monatsschrift 1784

Grundlegung zur Metaphysik der Sitten. Riga 1785 (2. verb. Aufl. 1786)

Metaphysische Anfangsgründe der Naturwissenschaft. Riga 1786

Kritik der reinen Vernunft. (2. verb. Aufl.) Riga 1787

Kritik der praktischen Vernunft. Riga 1788

Kritik der Urteilskraft. Berlin 1790

Über eine Entdeckung, nach der alle neue Kritik der reinen Vernunft durch eine ältere entbehrlich gemacht werden soll. Königsberg 1790

Über das radikal Böse in der menschlichen Natur. In: Berlinische Monatsschrift 1792 (Einzelausgabe 1792)

Die Religion innerhalb der Grenzen der bloßen Vernunft. Königsberg 1793 (2. verm. Auflage 1794)

Über den Gemeinspruch: Das mag in der Theorie richtig sein, taugt aber nicht für die Praxis. In: Berlinische Monatsschrift 1793

Zum ewigen Frieden. Ein philosophischer Entwurf. Königsberg 1795 (2. verm. Aufl. 1796)

Die Metaphysik der Sitten in zwei Teilen. (Metaphysische Anfangsgründe der Rechtslehre. Metaphysische Anfangsgründe der Tugendlehre.) Königsberg 1797 (2. verm. Aufl. 1798)

Von der Macht des Gemüts, durch den bloßen Vorsatz seiner krankhaften Gefühle Meister zu sein. Jena 1798

Der Streit der Fakultäten. Königsberg 1798

Anthropologie in pragmatischer Hinsicht abgefaßt. Königsberg 1798 (2. verb. Aufl. 1800)

Logik. Ein Handbuch zur Vorlesung. Hg. von Gottlob Benjamin Jäsche. Königsberg 1800

Physische Geographie. Hg. von Gottfried Vollmer. 4 Bde. Mainz, Hamburg 1801–1805. Andere Ausg. hg. von Friedrich Theodor Rink. 2 Bde., Königsberg 1802

Über Pädagogik. Hg. von Friedrich Theodor Rink. Königsberg 1803

Über die von der Königl. Akademie der Wissenschaften zu Berlin für das Jahr 1791 ausgesetzte Preisfrage: Welches sind die wirklichen Fortschritte, die die Metaphysik seit Leibnizens und Wolffs Zeiten in Deutschland gemacht hat. Hg. von Friedrich Theodor Rink. Königsberg 1804

Vorlesungen über die philosophische Religionslehre. Hg. von Karl Heinrich Ludwig Pölitz. Leipzig 1817

Vorlesungen über die Metaphysik. Hg. von Karl Heinrich Ludwig Pölitz. Erfurt 1821

Anweisung zur Menschen- und Weltkenntnis. Nach Vorlesungen im Winterhalbjahr von 1790–1791. Hg. von Fr. Ch. Starke. Leipzig 1831

Menschenkunde oder philosophische Anthropologie. Nach handschriftlichen Vorlesungen. Hg. von Fr. Ch. Starke. Leipzig 1831

Vorlesung über Metaphysik aus drei Semestern. Hg. von Max Heinze. Leipzig 1894 (Abhandlung der Königl. Sächsischen Gesellschaft der Wissenschaften. Phil.-hist. Classe. 14,6)

Eine Vorlesung über Ethik. Im Auftrag der Kantgesellschaft hg. von Paul Menzer. Berlin 1924

Die philosophischen Hauptvorlesungen. Nach den neu aufgefundenen Kolleghheften des Grafen Dohna-Wundlacken. Hg. von Arnold Kowalewski. München / Leipzig 1924

Opus postumum. Hg. von Artur Buchenau. 2 Bde., Berlin, Leipzig 1936–1938. Auch im Rahmen der Akademie-Ausgabe, Kants gesammelte Schriften Bd. 21 / 22

2. Hilfsmittel

Delfosse, H. P., und M. Oberhausen: Stellenindex und Konkordanz zur ‹Kritik der reinen Vernunft›. Stuttgart 1993

Eisler, Rudolf: Kant-Lexikon. Nachschlagewerk zu Kants sämtlichen Schriften, Briefen und handschriftlichem Nachlaß. Berlin 1930 (Nachdruck: Hildesheim 1969, Paperback 1972)

Hinske, Norbert, und Wilhelm Weischedel: Kant-Seitenkonkordanz. Darmstadt 1970

Malter, Rudolf: Ab Bd. 60 der Kant-Studien fortlaufende Bibliographie von Arbeiten über Kant

Martin, Gottfried (Hg.): Allgemeiner Kantindex zu Kants gesammelten Schriften. In Zusammenarbeit mit I. Heidemann u. a. Berlin 1967 ff.

Ratke, Heinrich: Systematisches Handlexikon zu Kants Kritik der reinen Vernunft. Leipzig 1929 (Nachdruck: Hamburg 1972)

Schmidt, Carl Christian Erhard: Wörterbuch zum leichteren Gebrauch der Kantischen Schriften. Jena [4]1798 (neu hg. v. N. Hinske. Darmstadt [2]1980)

3. Sekundärliteratur

3.1 Gesamtdarstellungen – Allgemeines

Cassirer, Ernst: Kants Leben und Lehre. Berlin [2]1921, Nachdruck: Darmstadt 1994

Gerhardt, Volker, und Friedrich Kaulbach: Kant. Darmstadt 1979

Gerhardt, Volker: Immanuel Kant. Vernunft und Leben. Ditzingen 2002

–: Kant zum Vergnügen. Ditzingen 2003

Höffe, Otfried: Immanuel Kant. München 1983, [4]1996

Jaspers, Karl: Kant. Leben – Werk – Wirkung. München / Zürich 1983

Kaulbach, Friedrich: Immanuel Kant. Berlin 1969, [2]1982

Körner, Stephan: Kant. Harmondsworth 1955 (dt.: Kant. Göttingen [2]1980)

Oberer, Hariolf (Hg.): Kant. Analysen – Probleme – Kritik. (Bd. I–III). Würzburg 1988–1997

Picht, Georg: Kants Religionsphilosophie. Stuttgart 1985, [2]1990

Schlüter, Wolfgang: Immanuel Kant. München 1999

Schmitz, Hermann: Was wollte Kant? Bonn 1989

Schulte, Günter: Immanuel Kant. Frankfurt / New York 1991

3.2 Lebensweg und philosophische Entwicklung

Groß, F. (Hg.): Immanuel Kant. Sein Leben in Darstellung von Zeitgenossen. Die Biographien von L. E. Borowski, R. B. Jachmann und A. Ch. Wasianski. Berlin 1912 (Nachdruck: Darmstadt 1968)

Gulyga, A.: Immanuel Kant. Moskwa 1977, dt. Frankfurt a. M. 1981

Heimsoeth, Heinz, D. Henrich und G. Tonelli (Hg.): Studien zu Kants philosophischer Entwicklung. Hildesheim 1967

Malter, Rudolf: Immanuel Kant in Rede und Gespräch. Hamburg 1990

Ritzel, Wolfgang: Immanuel Kant.
Zur Person. Bonn 1975
Stavenhagen, Kurt: Kant und Königsberg. Göttingen 1949
Vorländer, Karl: Immanuel Kant. Der Mann und das Werk. 2 Bde., Leipzig 1924 (Nachdruck: Hamburg [3]1990)

3.3 Kritik der reinen Vernunft – Gesamtdarstellungen

Baumanns, Peter: Kants Philosophie der Erkenntnis. Durchgehender Kommentar zu den Hauptkapiteln der ‹Kritik der reinen Vernunft›. Würzburg 1997
Baumgartner, Hans Michael: Kants Kritik der reinen Vernunft. Anleitung zur Lektüre. Freiburg / München 1985, [3]1991
Cohen, Hermann: Kommentar zu Immanuel Kants Kritik der reinen Vernunft. 2 Bde., Leipzig 1911, [3]1920
Guyer, Paul: Kant and the Claims of Knowledge. Cambridge 1987
Heidegger, Martin: Phänomenologische Interpretation von Kants Kritik der reinen Vernunft. Hg. v. I. Görland. Frankfurt a. M. 1977
Heidemann, Ingeborg, und Wolfgang Ritzel (Hg.): Beiträge zur Kritik der reinen Vernunft 1781–1981. Berlin / New York 1981
Heimsoeth, Heinz: Transzendentale Dialektik. Ein Kommentar zu Kants Kritik der reinen Vernunft. 4 Teile, Berlin 1966–1971
Kaulbach, Friedrich: Philosophie als Wissenschaft. Eine Anleitung zum Studium. Kants Kritik der reinen Vernunft in Vorlesungen. Hildesheim 1981
Kopper, Joachim, und Rudolf Malter (Hg.): Materialien zu Kants «Kritik der reinen Vernunft». Frankfurt a. M. 1975
Kopper, Joachim, und Wolfgang Marx (Hg.): 200 Jahre Kritik der reinen Vernunft. Hildesheim 1981
Kopper, Joachim: Die Stellung der «Kritik der reinen Vernunft» in der neueren Philosophie. Darmstadt 1984
Ludwig, Ralf: Kant für Anfänger: Die Kritik der reinen Vernunft. Eine Lese-Einführung. München 1998
Paton, Herbert J.: Kant's Metaphysik of Experience. A Commentary on the First Half of the «Kritik der reinen Vernunft». 2 Bde., London 1936, [4]1965
Strawson, Peter F.: The Bounds of Sense. An Essay on Kant's «Critique of Pure Reason», London 1966 (dt.: Die Grenzen des Sinns. Ein Kommentar zu Kants Kritik der reinen Vernunft. Königstein / Ts. 1981)
Vaihinger, Hans: Commentar zu Kants Kritik der reinen Vernunft. 2 Bde., Stuttgart / Berlin / Leipzig 1881, [2]1922 (Nachdruck: Aalen 1970)

3.4 Kritik der reinen Vernunft – Erkenntnistheorie, Wissenschaftstheorie

Baum, Manfred: Die transzendentale Deduktion in Kants Kritiken. Köln 1975
–: Deduktion und Beweis in Kants Transzendentalphilosophie. Untersuchung zur «Kritik der reinen Vernunft». Königstein / Ts. 1986
Brandt, Reinhard: Die Urteilstafel. Kant-Forschungen Band 4. Hamburg 1991
Böhme, Gernot: Philosophieren mit Kant. Zur Rekonstruktion der Kantischen Erkenntnis- und Wissenschaftstheorie. Frankfurt a. M. 1986
Böhme, Hartmut und Gernot: Das Andere der Vernunft. Zur Entwicklung der Rationalitätsstrukturen am Beispiel Kants. Frankfurt a. M. 1983
Carl, Wolfgang: Der schweigende Kant. Die Entwürfe zu einer Deduktion der Kategorien vor 1781. Göttingen 1989
–: Die transzendentale Deduktion der Kategorien in der 1. Auflage der

Kritik der reinen Vernunft. Ein Kommentar. Frankfurt a. M. 1992

Forum für Philosophie Bad Homburg (Hg.): Kants transzendentale Deduktion und die Möglichkeit von Transzendentalphilosophie. Frankfurt a. M. 1988

Forum für Philosophie Bad Homburg (Hg.). Übergang. Untersuchungen zum Spätwerk Immanuel Kants. Frankfurt a. M. 1991

Friedman, Michael: Kant and Exact Science. Cambridge / London 1992

Gloy, Karen: Die Kantische Theorie der Naturwissenschaft. Eine Strukturanalyse ihrer Möglichkeit, ihres Umfangs und ihrer Grenzen. Berlin / New York 1976

–: Studien zur theoretischen Philosophie Kants. Würzburg 1990

Grünewald, Bernward: Modalität und empirisches Denken. Eine kritische Auseinandersetzung mit der Kantischen Modaltheorie. Hamburg 1986

Heidegger, Martin: Die Frage nach dem Ding. Zu Kants Lehre von den transzendentalen Grundsätzen. Tübingen [2]1975

–: Kants These über das Sein. Frankfurt a. M. 1963

–: Kant und das Problem der Metaphysik. Bonn 1929, Frankfurt a. M. [5]1991 (erw. Aufl.)

Heimsoeth, Heinz: Transzendentale Dialektik. Ein Kommentar zu Kants Kritik der reinen Vernunft. 4 Teile, Berlin 1966–1971

Henrich, Dieter: Identität und Objektivität. Eine Untersuchung über Kants transzendentale Deduktion. Heidelberg 1976

Niquet, Marcel: Transzendentale Argumente. Kant, Strawson und die Aporetik der Detranszendentalisierung. Frankfurt a. M. 1991

Picht, Georg: Von der Zeit. Stuttgart 1999

Plaas, Peter: Kants Theorie der Naturwissenschaft. Göttingen 1965

Prauss, Gerold: Erscheinung bei Kant. Ein Problem der «Kritik der reinen Vernunft». Berlin 1971

–: Kant und das Problem der Dinge an sich. Bonn [2]1977

Reich, Klaus: Die Vollständigkeit der Kantischen Urteilstafel. Berlin 1932, [2]1948 (Nachdruck: Hamburg [3]1986)

Strohmeyer, Ingeborg: Transzendentalphilosophie und physikalische Raum-Zeitlehre. Eine Untersuchung zu Kants Begründung der Erfahrungswissenschaft mit Berücksichtigung der speziellen Relativitätstheorie. Mannheim / Wien / Zürich 1980

Thöle, Bernhard: Kant und das Problem der Gesetzmäßigkeit der Natur. Berlin / New York 1991

Waidhas, D.: Kants System der Natur. Zur Geltung und Fundierung der metaphysischen Anfangsgründe der Naturwissenschaft. Frankfurt a. M. 1985

3.5 Praktische Philosophie, Ethik

Baumanns, Peter: Kants Ethik. Die Grundlehre. Würzburg 2000

Beck, Lewis White: A Commentary on Kant's Critique of Practical Reason. London / Chicago 1966 (dt.: Kants «Kritik der praktischen Vernunft». Ein Kommentar. München 1974)

Bittner, Rüdiger, und Konrad Cramer (Hg.): Materialien zu Kants «Kritik der praktischen Vernunft». Frankfurt a. M. 1975

Forschner, Maximilian: Gesetz und Freiheit. Zum Problem der Autonomie bei Kant. München / Salzburg 1974

Henrich, Dieter: Der Begriff der sittlichen Einsicht und Kants Lehre vom Faktum der Vernunft, in G. Prauss (Hg.): Kant. Köln 1973 (S. 223–254)

Höffe, Otfried: Ethik und Politik. Grundmodelle und -probleme der praktischen Philosophie. Frankfurt a. M. [3]1987, S. 84–119

– (Hg.): Grundlegung zur Metaphysik der Sitten. Ein kooperativer Kommentar. Frankfurt a. M. ²1992

Kaulbach, Friedrich: Immanuel Kants «Grundlegung zur Metaphysik der Sitten». Darmstadt 1988

Ludwig, Ralf: Kant für Anfänger. Der kategorische Imperativ. München ⁴1997

Paton, Herbert J.: The Categorical Imperative. A Study in Kant's Moral Philosophy. London 1947 (dt.: Der kategorische Imperativ. Berlin 1962; Paperback 1971)

3.6 Rechts- und Staatsphilosophie

Batscha, Zwi (Hg.): Materialien zu Kants Rechtsphilosophie. Frankfurt a. M. 1976

Bialas, Volker, und H.-J. Häßler (Hg.): 200 Jahre Kants Entwurf ‹Zum ewigen Frieden› – Idee einer globalen Friedensordnung. Würzburg 1996

Brandt, Reinhard (Hg.): Rechtsphilosophie der Aufklärung. Berlin / New York 1979

Höffe, Otfried: Kategorische Rechtsprinzipien. Ein Kontrapunkt der Moderne. Frankfurt a. M. 1990

– (Hg.): Immanuel Kant. Zum ewigen Frieden. Berlin 1995

Kaulbach, Friedrich: Studien zur späten Rechtsphilosophie Kants und ihrer transzendentalen Methode. Würzburg 1982

Kersting, Wolfgang: Wohlgeordnete Freiheit. Immanuel Kants Rechts- und Staatsphilosophie. Berlin / New York 1984

Unruh, P.: Die Herrschaft der Vernunft. Zur Staatsphilosophie Immanuel Kants. Baden-Baden 1991

3.7 Kritik der Urteilskraft

Bartuschat, Wolfgang: Zum systematischen Ort von Kants Kritik der Urteilskraft. Frankfurt a. M. 1972

Esser, A. (Hg.): Autonomie der Kunst? Zur Aktualität von Kants Ästhetik. Berlin 1995

Fricke, Christel: Kants Theorie des reinen Geschmacksurteils. Berlin / New York 1990

Kulenkampff, Jens (Hg.): Materialien zu Kants «Kritik der Urteilskraft». Frankfurt a. M. 1974

Löw, Reinhard: Philosophie des Lebendigen. Der Begriff des Organischen bei Kant, sein Grund und seine Aktualität. Frankfurt a. M. 1980

McLaughlin, Peter: Kants Kritik der teleologischen Urteilskraft. Bonn 1989

Schaper, Eva: Studies in Kant's Aesthetics. Edinburgh 1979

Teichert, D.: Immanuel Kants ‹Kritik der Urteilskraft›. Ein einführender Kommentar. Paderborn 1992

3.8 Geschichts- und Religionsphilosophie

Castillo, Monique: Kant et l'avenir de la culture. Paris 1990

Habichler, Alfred: Reich Gottes als Thema des Denkens bei Kant. Mainz 1991

Henrich, Dieter: Der ontologische Gottesbeweis. Sein Problem und seine Geschichte in der Neuzeit. Tübingen 1960, ²1967

Kleingeld, P.: Fortschritt und Vernunft. Zur Geschichtsphilosophie Kants. Würzburg 1995

Ricken, Frido, und François Marty (Hg.): Kant über Religion. Stuttgart / Berlin / Köln 1992

Schweitzer, Albert: Die Religionsphilosophie Kants von der ‹Kritik der reinen Vernunft› bis zur ‹Religion innerhalb der Grenzen der bloßen Vernunft›. Freiburg i. B. 1899 (Nachdruck: Hildesheim / New York 1974)

Schmucker, Josef: Die Ontotheologie des vorkritischen Kant. Berlin / New York 1980

Wimmer, Reiner: Kants kritische Religionsphilosophie. Berlin / New York 1990

NAMENREGISTER

Die kursiv gesetzten Zahlen bezeichnen die Abbildungen.

Adler, Georg Christian 10
Alembert, Jean le Rond d' 70
Andersch, Daniel 17
Anselm von Canterbury, hl. 82
Aristoteles 78

Baumgarten, Alexander Gottlieb 31
Becker, Johann Gottlieb 60 f.
Becker, Hospitalprediger 49
Berkeley, George 113
Biester, Johann Erich 161 f., 165
Borowski, Ludwig Ernst 28, 46, 50, 56, 58
Brahe, Tycho 87
Buch, Stadtrat 51
Buck, Johann Friedrich 20, 22, 33 f.

Crusius, Christian August 31 f., 77
Cunde, Johannes («Cundeus») 12

Descartes, René 16 f., 70 f., 111, 162
Diogenes Laertius 98
Dönhoff, Marion Gräfin 68

Eckermann, Johann Peter 138
Erasmus von Rotterdam 152

Fichte, Johann Gottlieb 6, 16, 33, 54, 153, 162, 166, *33*
Francke, August Hermann 10
Friedrich II., der Große, König in Preußen 13, 20 ff., 31, 33, 76, 128, *13*
Friedrich Wilhelm II., König in Preußen 23, 39, 152, 154, 161 f., 164, *24*
Friedrich Wilhelm III., König in Preußen 160
Fürst, Karl Joseph Maximilian Freiherr von 21

Galilei, Galileo 73
Garve, Christian 113 f.
Gehr, Theodor 10

Goethe, Johann Wolfgang von 52, 117, 137 f., 145, 151, 166, *137*
Göpfert, Verleger 162
Green, Joseph 49 f., 53 f., 58, 131

Haacke, Harald 68
Hagemann, Friedrich 25, 39 f.
Haller, Albrecht von 30, 75, 138
Hamann, Johann Georg 21, 51 f., 54, 66, 166, *52*
Hardenberg, Karl August Fürst von 18
Harteville, holländ. Botschafter in Stockholm 85 f.
Hartknoch, Johann Friedrich 26, 66, 118
Hegel, Georg Wilhelm Friedrich 16, 82, 111, 166
Heilsberg, Christoph Friedrich 14
Heinse, Johann Jakob Wilhelm 117
Herder, Johann Gottfried von 17, 21, 30, 51 f., 66, 114, 137 f., 166, *30*
Hermes, Hermann Daniel 161
Herschel, Friedrich Wilhelm 76
Hertz, Henriette 22
Hertz, Markus 22 f., 89, 91, 93 f.
Herzberg, Friedrich Ewald 23
Heydenreich, Johann Friedrich 11
Hiller, Johann Adam 39
Hillmer, Gottlob Friedrich 161
Hippel, Theodor Gottlieb von 49 f., 54, 60, 62, *55*
Hölderlin, Friedrich 16
Homer 138
Hufeland, Christoph Wilhelm 46, 115, 165
Hufeland, Gottfried 114
Hülsen, Bernhard Friedrich von 17
Hülsen, Georg Friedrich von 18
Hume, David 8, 31, 80, *80*

Jachmann, Reinhold Bernhard 29, 37, 45 ff., 66
Jacobi, Friedrich Heinrich 52, 166
Jacobi, Johann Conrad 51
Jensch, Christian Friedrich 51
Joseph II., Kaiser 114
Jung-Stilling, Johann Heinrich 66

Kant, Anna Regina (Mutter) 8 f., 13
Kant, Johann Georg (Vater) 7 – 10, 16

Kant, Johann Heinrich (Bruder) 7 f.,
48
Kanter, Johann Jakob 60
Karl I., König von England 128
Kepler, Johannes 31, 73
Keyserling, Karoline Charlotte
Amalie Gräfin von 17 f.
Keyserling, Johann Gebhard Graf
von 17
Klopstock, Friedrich Gottlieb 138
Knobloch, Charlotte von 86
Knutzen, Martin 14 f., 19
Komarnicki, Jan Pawlikowicz Ido-
mozyrskich 88
Kopernikus, Nikolaus 73, 99, 101
Korff, Nikolaus von 20
Körner, Theodor 135, 138
Kraus, Christian Jacob 162
Kypke, Georg David 28, 60

Lahrs, Friedrich 43
Lambert, Johann Heinrich 76, 91
Lampe, Martin 25, 27, 50, 57 f., 64
Laplace, Pierre Simon Marquis de 76
Lavater, Johann Kaspar 91
Leibniz, Gottfried Wilhelm 16 f., 31,
70 f., 74 f., 91, 110, *71*
Lessing, Gotthold Ephraim 17, 70,
138, 158
Lindner, Johann Gotthelf 21
Loewe, Maler 45
Lossow, Daniel Friedrich 58
Ludwig XVI., König von Frankreich
128, 159 f.
Lukrez (Titus Lucretius Carus) 12
Luther, Martin 128
Lysius, Heinrich 10

Mendelssohn, Moses 21, 60, 81, 91,
92
Motherby, Robert 50 f.

Newton, Isaac 15, 31, 71 ff., *72*
Nicolovius, Friedrich 55, 66
Nietzsche, Friedrich 134

Peter III., Zar 20, *20*
Platon 100, 132
Pope, Alexander 30
Pörschke, Karl Ludwig 51

Raffael (eigtl. Raffaello Santi) 43
Rammler, Karl Friedrich 60
Rauch, Christian 40, 63, 68
Reinhold, Karl Leonhard 45, 114 f.,
135, 137, 166, *115*
Reusch, Karl Daniel 32
Rousseau, Jean-Jacques 27, 31, 64,
83 f., 87 f., *83*
Ruffmann, Wilhelm Ludwig 50,
64
Ruhnken, David («Ruhnkenius»)
12

Sartre, Jean-Paul 155
Schadow, Gottfried 39
Scheffner, Johann George 40, 43, 60
Schelling, Friedrich Wilhelm Joseph
von 16
Schiller, Friedrich 115, 117,
135–138, 145 f., *136*
Schlosser, Cornelia, geb. Goethe
166
Schlosser, Johann Georg 166
Schultz, Franz Albert 9 f., 13, 15 f.,
20
Schultz, Johann 114
Schütz, Christian Gottfried 114 f.
Seneca 17
Shakespeare, William 139
Siemering, Rudolf 43
Spener, Philipp Jakob 10
Spinoza, Baruch de 152
Stein, Pfarrer 111
Stein, Karl Reichsfreiherr vom
und zum 18
Swedenborg, Emanuel von 84–88,
85
Swift, Jonathan 84

Tafel, Johann Friedrich Immanuel 86
Teske, Johann Gottfried 16, 19
Thales von Milet 98
Theuerin, Frau (jüngste Schwester)
7 f., 38
Thomasius, Christian 117
Trummer, Johann Gottlieb 47, 50

Vigilantius, Johann Friedrich 51
Voltaire (eigtl. François-Marie
Arouet) 88

Wasianski, Ehregott Andreas
  Christoph 36, 38 f., 48, 58 f.
Wieland, Christoph Martin 114, 138
Willamov, Johann Gottlieb 60
Wlömer, Johann Heinrich 13 f.
Wobser, Michael 59, 84
Wolff, Christian Freiherr von 10, 15,
  31, 77

Wöllner, Johann Christoph von
  159–163
Woltersdorff, Theodor Karl L. 161

Zedlitz, Karl Abraham Freiherr von
  31 ff., 161, 32

ÜBER DEN AUTOR

Uwe Schultz, 1936 in Hamburg geboren, studierte Philosophie, Literaturwissenschaft und Geschichte in Hamburg, Freiburg im Breisgau, Wien und München. 1963 Promotion über «Das Problem des Schematismus bei Kant und Heidegger» in München. Seit 1964 als Redakteur, seit 1976 als Hauptabteilungsleiter Kulturelles Wort beim Hessischen Rundfunk tätig. Seit 1995 freier Publizist in Paris.
Publikationen: Das Tagebuch und der moderne Autor, Hg. (1965), Übersetzung: Erasmus von Rotterdam, «Das Lob der Torheit» (1966), Fünfzehn Autoren suchen sich selbst, Hg. (1967), Umwelt aus Beton – Unsere unwirtlichen Städte, Hg. (1971), Monographie Peter Handke (1973), Toleranz – Die Krise der demokratischen Tugend, Hg. (1974), Michel de Montaigne (rowohlts monographien 442, 1989), Die Hauptstädte der Deutschen – Von der Kaiserpfalz in Aachen bis zum Regierungssitz in Berlin, Hg. (1993), Große Prozesse – Recht und Gerechtigkeit in der Geschichte, Hg. (1996), Descartes – Biographie (2001), Versailles – Die Sonne Frankreichs (2002).

QUELLENNACHWEIS DER ABBILDUNGEN

Fotos: akg-images, Berlin: Umschlagvorderseite und 125, 3 und 61, 7, 13 (Berlin, Schloss Charlottenburg), 15, 18, 20 (Herrenhaus Schierensee), 24 (Potsdam, Stiftung Preußische Schlösser und Gärten Berlin-Brandenburg), 25, 26/27, 30 (Weimar, Goethe-Nationalmuseum, Stiftung Weimarer Klassik), 32, 41, 44, 52, 67, 68 (Foto: Claudia Quaukies), 71 (Hannover, Historisches Museum am Hohen Ufer), 72 (Foto: Erich Lessing), 76/77, 83 (Genf, Musée d'Art et d'Histoire), 107, 115, 120, 130, 133, 137 (München, Neue Pinakothek), 160, 163, Umschlagrückseite (2)

© Bildarchiv Preußischer Kulturbesitz, Berlin: 9 (Staatliche Museen zu Berlin, Preußischer Kulturbesitz, Kupferstichkabinett; Foto: Jörg P. Anders), 55, 63, 92 (Staatsbibliothek zu Berlin, Preußischer Kulturbesitz, Mendelssohn-Archiv; Foto: Ruth Schacht), 111, 136 (Marbach, Schiller-Nationalmuseum)

Aus: Gustav Zippel: Geschichte des Königlichen Friedrichs-Kollegiums zu Königsberg. Königsberg 1898: 11

Aus: Johann Gottlieb Fichte: Gesamtausgabe der Bayerischen Akademie der Wissenschaften. Hg. von Reinhard Lauth, Erich Fuchs und Hans Gliwitzky. Reihe I, Band 1 (Frontispiz). Stuttgart-Bad Cannstatt (frommann-holzboog) 1964: 34 (Original: Hans von Fichte, Garmisch-Partenkirchen, 1962)

Aus: Arthur Warda: Immanuel Kants letzte Ehrung. Aktenmäßige Darstellung. Königsberg 1924: 39

Aus: Walter Kuhrke: Kant und seine Umgebung. Königsberg 1924: 40

© Bildarchiv Ostsicht, Hamburg: 42, 43 (Foto: Carsten Voigt), 59, 165

Aus: Eduard Andersen (Hg.): Das Kantzimmer im Stadtgeschichtlichen Museum Königsberg. Katalog. Königsberg 1936: 57

Aus: Walter Kuhrke: Kants Wohnhaus. Zeichnerische Wiederherstellung mit näherer Beschreibung. (Berlin 1917) Neuaufl. Königsberg 1924: 65 (2)

© Scottish National Portrait Gallery, Edinburgh: 80 (PG 1057)

Foto: The National Museum of Fine Arts, Stockholm: 85

Deutsches Museum, Bibliothek, Druckschriftensammlung, Berlin: 99

Aus: Immanuel Kant: Prolegomena zu einer jeden künftigen Metaphysik, die als Wissenschaft wird auftreten können. Riga 1783: 113

Aus: Immanuel Kant: Die Religion innerhalb der Grenzen der bloßen Vernunft. Königsberg 1793: 153

© VG Bild-Kunst, Bonn 2003: 177 (mit freundlicher Genehmigung von Helmut Schmidt)

Foto: Gisèle Freund

rowohlts monographien

Große Denker

Aristoteles
J.-M. Zemb
3-499-50063-9

Platon
Uwe Neumann
3-499-50533-9

Seneca
Marion Giebel
3-499-50575-4

Sokrates
Gottfried Martin
3-499-50128-7

Karl Marx
Werner Blumenberg
3-499-50076-0

C. G. Jung
Gerhard Wehr
3-499-50152-X

Sigmund Freud
Hans-Martin Lohmann
3-499-50601-7

Martin Heidegger
Walter Biemel
3-499-50200-3

Karl Popper
Manfred Geier
3-499-50468-5

Jean-Paul Sartre
Christa Hackenesch
3-499-50629-7

Friedrich Nietzsche
Ivo Frenzel

3-499-50634-3

S 23/1